Un temps troublé

Lionel Jospin

Un temps troublé

ÉDITIONS DU SEUIL
*57, rue Gaston-Tessier, Paris XIXe*

Cet ouvrage a été édité
sous la direction de
Maurice Olender.

ISBN 978-2-02-145132-0

www.seuil.com

« Si nous avions une doctrine à formuler (mais ce n'est pas l'endroit) elle donnerait corps à cet équilibre de justice et de liberté, difficile certes à réaliser, mais en dehors duquel nous n'avons rien à faire. »

Albert Camus, début 1944[1]

1. Texte inédit publié par Vincent Duclert, *Camus, des pays de liberté*, Stock, 2020.

Préface

Ce livre est politique. Le lecteur y trouvera des rappels historiques, des analyses économiques, des réflexions sur la société et sur la réalité internationale.

Une large part de mon propos vise à décrypter la séquence particulière qui s'est ouverte en France en 2017. Mon regard porte sur la vie politique et ses forces, il s'élève vers le sommet de l'État où plus que jamais le pouvoir se concentre et il embrasse les craintes, les colères et les espérances des citoyens.

Membre du Conseil constitutionnel pendant quatre ans, j'ai scrupuleusement respecté la neutralité et la réserve de celui qui avait revêtu, symboliquement s'entend, la toge du juge constitutionnel. Quand j'ai retrouvé en 2019 ma tenue de citoyen et ma liberté de parole, j'ai entrepris d'écrire ce livre.

Le paysage politique de notre pays avait changé. J'ai voulu comprendre pourquoi et comment. J'ai aussi observé ce qui en résultait, non plus comme un acteur mais comme un témoin.

Que s'est-il passé en 2017 ? Où en sommes-nous en 2020 ? Quelles perspectives s'offrent pour 2022 ? La promesse chimérique d'un « nouveau monde » est restée lettre morte. Notre pays est loin d'adhérer à ce qu'on lui propose aujourd'hui : un néolibéralisme orné de progressisme. Nous vivons un temps troublé.

J'examine aussi dans cet ouvrage trois confrontations mondiales à mes yeux décisives pour notre avenir commun : entre la démocratie et le despotisme, entre les migrations et les nations, entre l'expansion de l'homme et la sauvegarde de la vie sur Terre.

À l'heure où j'achevais ce livre, la pandémie liée au coronavirus s'est répandue brutalement dans le monde. Sans modifier ce qui était déjà écrit, j'ai consacré une postface à cet événement bouleversant.

Venons-en à la séquence de 2017.

PREMIÈRE PARTIE

2017. L'imprévu

1

Sous l'emblème de la Révolution

La Révolution est au cœur de l'imaginaire français. Elle a enfanté la république, et ses secousses ont scandé notre histoire : 1789, 1793, 1830, 1848, 1871 et, à sa façon, 1945.

Mais l'effondrement du mythe de la révolution d'Octobre, la fin de l'Union soviétique, la chute des partis communistes, la marginalisation des groupes d'extrême gauche, l'affirmation progressive des social-démocraties (jusqu'à leur crise actuelle) ont tari la veine révolutionnaire, ne laissant chez nous que des ferments de radicalité.

Pourtant, en 2016, le futur président de la République, Emmanuel Macron, à l'aube de sa campagne, a renoué avec le grand récit et titré son livre programme : *Révolution*.

Une telle invocation était inattendue. Les Français découvraient à peine cet homme brillant qui, passé rapidement de l'inspection des Finances à une grande banque d'affaires, leur était apparu comme conseiller du président Hollande avant de devenir son ministre. Rien dans son parcours n'était marqué du sceau révolutionnaire.

Il est vrai que la révolution invoquée par le candidat avait peu de rapport avec ses illustres devancières. La Révolution de

1789 et la révolution de 1917 avaient l'une et l'autre renversé les institutions politiques, changé le mode de production, bouleversé la société et créé un nouveau droit. Aucune visée de cette ampleur ne traversait l'ouvrage du candidat, d'inspiration libérale et nourri de propositions apparemment techniques.

Toutefois, la rhétorique révolutionnaire était là : rupture avec le passé, rejet des forces politiques antérieures, charge contre l'« ancien monde » (assimilé métaphoriquement à l'Ancien Régime) et promesse d'un « nouveau monde ». Emmanuel Macron tentait de réveiller la puissance d'un mot fétiche à son profit et, qui sait, à ses risques et périls. Car les lendemains de « révolution » ne sont jamais des jours ordinaires.

En réalité, le candidat et son mouvement En marche ! restaient ambigus sur le sens de la mutation du système économique qu'ils promettaient. Mais l'objectif premier de leur appel au changement était clair : chambarder la configuration politique et conquérir le pouvoir. Ils ont été entendus. Le macronisme est devenu le plus efficace des « dégagismes ».

Le bouleversement du paysage politique

Quelques mois avant l'élection présidentielle, le scénario attendu était celui d'une victoire du candidat de la droite. François Fillon, qui semblait promis au succès, fut entravé par une méchante affaire et il échoua au bord du second tour (avec 20 % des voix). Jean-Luc Mélenchon, candidat de La France insoumise, fut écarté (malgré un bon score de 19,6 %). Benoît Hamon, pour le Parti socialiste, fut sèchement battu (avec

6,4 %). Ce premier tour noyait l'espérance de la droite et signait l'échec d'une gauche à nouveau dispersée.

Alors que la formation dérivée du gaullisme, sous ses appellations changeantes, ou le Parti socialiste, après 1981, avaient toujours accédé à la présidence ou au gouvernement sous la Ve République, aucun de leurs représentants ne s'était qualifié pour le second tour de l'élection reine.

Deux prétendants s'avancèrent pour le duel final. La candidate de l'extrême droite, Marine Le Pen, avait amélioré (avec 21,3 %) la performance accomplie par son père en 2002. En face d'elle se dressait Emmanuel Macron qui, s'avançant en homme neuf, s'était hissé en tête du premier tour (avec 24,1 % des voix). Prolongeant la dynamique qu'il avait alors enclenchée et tirant sa force de la nécessité de faire à nouveau barrage à l'extrême droite, il l'emporta largement au second tour, devenant (avec 66,1 % des voix) le huitième président de la Ve République et le deuxième parmi les mieux élus.

Dans la foulée, les élections législatives confirmaient logiquement le vote présidentiel et assuraient au nouveau mouvement La République en marche (LREM) et à son allié, le MoDem, une majorité absolue à l'Assemblée nationale, avec 361 députés. À l'exception de personnalités aimantées à gauche et à droite dans la dernière année, la plupart des nouveaux députés de la majorité étaient inconnus de leurs électeurs. Les députés qu'agrégeait le groupe Les Républicains préservaient 126 sièges. Le Parti socialiste, les divers gauche et les écologistes en sauvaient 46. Le groupe Insoumis-PCF en comptait 26 et le Front national 8. Comment cet événement imprévu a-t-il été possible ?

Les circonstances et les sources du changement

Les péripéties du moment ont joué un rôle. La première fut le renoncement du président sortant. Rien n'oblige un président élu au suffrage universel à se représenter à l'issue de son premier mandat. Toutefois Valéry Giscard d'Estaing, François Mitterrand, Jacques Chirac et Nicolas Sarkozy l'avaient fait. François Hollande, qui jugeait son bilan honorable et pouvait se représenter, en décida autrement. S'il avait concouru, il n'aurait peut-être pas – certains diront : probablement pas – été réélu compte tenu du regard que beaucoup de Français portaient alors sur sa présidence. De plus, sa candidature n'aurait sans doute pas conduit Emmanuel Macron, déjà lancé dans la course avec éclat, à renoncer. Mais celui-ci aurait perdu des voix dans l'électorat socialiste et aurait été distancé par le candidat des Républicains, sans accéder au second tour.

La seconde péripétie fut le scandale qui altéra l'image de François Fillon. La justice se prononcera prochainement. Mais le facteur nouveau, comparé à l'indifférence dont avaient jadis bénéficié des responsables politiques, y compris de haut rang, fut la sévérité de la presse à l'égard de cette affaire et son retentissement dans l'opinion. En dépit de ce handicap, François Fillon n'a pas été loin d'atteindre le second tour. Sans doute l'air du temps était-il à droite, au point qu'une partie conséquente de l'électorat conservateur a gardé sa fidélité à un candidat qui, malgré ses déboires, se montrait déterminé. Il manqua à François Fillon cette fraction d'électeurs qui lui aurait permis de devancer Marine Le Pen et Emmanuel Macron, et de rassembler la droite au second tour.

La logique de l'alternance traditionnelle se trouvait là. Elle fut démentie.

En lieu et place a surgi, lors de l'élection présidentielle et des élections législatives, une construction politique inédite. Emmanuel Macron a su conduire en quelques mois un efficace processus de promotions mutuelles : à son camp, il donnait tout ; dans son camp, on lui devait tout. Combinant la reconversion sélective de personnalités soustraites aux partis anciens et l'introduction massive dans le jeu électoral d'individualités novices désignées d'en haut pour leur potentiel espéré, il a su rassembler une majorité dont j'examinerai plus loin si elle est idéologiquement neuve.

Naturellement, on ne peut expliquer par les seules circonstances du moment l'élection d'Emmanuel Macron à la présidence de la République et ce qui s'ensuivit. Je ne partage certes pas l'affirmation des dirigeants de LREM – martelée pendant la dernière campagne présidentielle et rituellement reprise depuis – selon laquelle « rien n'avait été fait depuis trente ans » par les gouvernements précédents. Mais pour que l'aventure de cette élection soit possible, il fallait que se soient produits auparavant en France des déséquilibres nourrissant un climat d'insatisfaction.

Je marche presque chaque jour, dans Paris ou ailleurs. Et si j'en juge d'après ce que me disent ceux qui m'arrêtent et me parlent, les Français gardent plutôt un bon souvenir des années pendant lesquelles j'ai gouverné. Elles reçurent pourtant les secousses initiales.

2

Premières secousses

Divisions, dissolution, cohabitation, 21 avril (1995-2002)

Un remous s'était produit dès 1995. Cette année-là s'achevait, avec le second septennat de François Mitterrand, la deuxième alternance dans la Ve République. Édouard Balladur, Premier ministre de cohabitation nommé en 1993 par le président socialiste sous l'indirecte et pressante suggestion du leader politique de la nouvelle majorité parlementaire, Jacques Chirac, s'était soudain porté candidat à l'élection présidentielle. Il répétait ainsi le geste que son chef avait accompli en 1974 à l'encontre du candidat gaulliste Jacques Chaban-Delmas et en faveur de Valéry Giscard d'Estaing, qui fut élu. Jacques Chirac avait alors fracturé l'UDR, le parti des gaullistes. Édouard Balladur allait diviser durablement le RPR, parti créé en 1976 par son mentor qui jugeait légitime d'être à nouveau le champion de son camp.

Tandis que, dans ce conflit, les sondages donnaient Édouard Balladur largement favori, Jacques Chirac trouva la ressource pour rompre avec les fondamentaux d'un parti devenu largement conservateur et, sur le thème de la lutte contre la « fracture sociale», mena une campagne hétérodoxe et volontariste. Il déstabilisa celle de son concurrent, finalement écarté au premier tour.

À gauche, Jacques Delors, que beaucoup attendaient, ayant renoncé à se présenter, j'ai relevé le gant et les adhérents socialistes m'ont choisi comme candidat, dans un vote interne. Bénéficiant de l'affrontement entre les deux personnalités de droite, je suis sorti en tête du premier tour de l'élection présidentielle et me suis incliné logiquement au second face à Jacques Chirac, les dirigeants de la majorité d'alors s'étant rabibochés pour ne pas tout perdre. À eux deux, les candidats de la droite classique réunissaient près de 40 % des suffrages exprimés. Jean-Marie Le Pen, le chef de file du Front national, le parti d'extrême droite, avait quant à lui réalisé le score notable de 15 % au premier tour. La gauche et les écologistes étaient nettement minoritaires dans le pays.

À peine élu, le président Chirac choisit Alain Juppé plutôt que Philippe Séguin comme Premier ministre et abandonna sa thématique de campagne : la lutte contre la fracture sociale. Devant les Français surpris, il renoua avec une politique économique orthodoxe et conservatrice, ce qui entama sa popularité.

De façon plus étonnante, en 1997, le président tenta une opération politique. Alors qu'il disposait pour un an encore d'une majorité confortable, il décida de dissoudre l'Assemblée nationale et d'organiser des élections législatives. L'intention était de surprendre la gauche et, malgré une opinion déconcertée par une politique qui tournait le dos à celle annoncée, de s'assurer d'une majorité pour cinq ans afin de la poursuivre. L'intention fut mal comprise par les Français ou, en tout cas, mal admise. Le Parti socialiste, que je dirigeais à nouveau depuis 1995 et que le score obtenu à la présidentielle avait réconforté, travaillait depuis deux ans de façon sérieuse autour d'une équipe nouvelle. Il était prêt. La gauche et les écologistes se sont rassemblés et l'opinion y fut peut-être sensible. À la surprise des auteurs de la dissolution, nous gagnâmes les élections législatives. Ceux qui avaient été appelés à gouverner venaient d'en être privés. Ceux qu'on n'attendait pas accédaient aux responsabilités. Même s'ils l'avaient décidé, les Français allaient connaître un singulier changement de trajectoire.

Je ne retracerai pas ici longuement mes années de gouvernement. Je me suis efforcé, après les à-coups des années précédentes et dans le cadre complexe d'une cohabitation, d'animer une équipe ministérielle resserrée, collégiale et de qualité (la presse parlait alors de *dream team*). En m'appuyant sur ma majorité, j'ai voulu conduire dans l'ordre, dans le respect des partenaires sociaux, une politique gouvernementale économiquement et socialement équilibrée. Cela dans la fidélité à nos engagements de campagne. Si j'en juge par les indices de confiance de l'époque, nos concitoyens n'ont pas été insensibles à l'action et à la méthode pratiquées alors.

Les performances de la « gauche plurielle » ont été plus qu'honorables. Deux millions d'emplois ont été créés en cinq ans et le chômage a baissé massivement : 900 000 chômeurs de moins – un record depuis la guerre. L'emploi industriel est resté stable. Le déficit budgétaire s'est réduit (nous nous sommes qualifiés pour l'euro), la balance commerciale a été excédentaire et la Sécurité sociale ramenée à l'équilibre. La durée légale du travail a été réduite, mais le nombre global d'heures travaillées en France a atteint un sommet. La croissance économique de notre pays a été supérieure à la moyenne européenne, y compris à celle de l'Allemagne. Dans le même temps, ont été réalisées des avancées sociales (les 35 heures, les RTT, les emplois-jeunes, la couverture maladie universelle pour élargir l'accès aux soins, l'allocation personnalisée d'autonomie pour faire face à la dépendance des personnes âgées) et des réformes dites sociétales (la parité, le PACS). C'est aussi le moment où a été conçue et mise en place la police de proximité qui, si elle n'avait pas été décriée et supprimée ensuite, aurait pu contribuer à changer les relations entre la police et les jeunes des quartiers. Quant à la politique étrangère, partagée puisque conduite en cohabitation, elle a été réaliste et maîtrisée.

Lors de la dernière année de la législature, le climat s'est assombri après les attentats du 11 septembre 2001 aux États-Unis et la conjoncture économique mondiale s'est dégradée, avec un impact en France. La droite, comme elle le fait avant chaque élection, a exploité les questions d'insécurité (sans s'être montrée elle-même auparavant efficace sur ce terrain). Mais, à la fin des cinq années, la perspective d'ouvrir une nouvelle étape en remportant l'élection présidentielle était ouverte.

Il aurait fallu pour cela que la « majorité plurielle », restée unie dans l'action gouvernementale, le demeurât au moment du rendez-vous décisif. En 1995, au premier tour, seuls le parti communiste et les Verts avaient présenté un candidat, tandis que les radicaux de gauche et le Mouvement des citoyens étaient réunis derrière moi. J'avais alors été porté en tête du premier tour. La reprise de ce dispositif aurait eu le même effet en 2002 dans un contexte plus favorable et cette fois la victoire aurait été possible. En se présentant, Jean-Pierre Chevènement et Christiane Taubira en ont décidé autrement.

Mon éviction, le 21 avril 2002, fut-elle la juste sanction d'années d'échec ? On peut en douter. Elle fut une cruelle déception pour la gauche, une divine surprise pour la droite, assurée de l'emporter contre le Front national sans faire campagne, et un choc pour les Français qui s'attendaient tous à un duel droite-gauche. Deux troublantes « premières » politiques allaient en résulter : la présence du représentant de l'extrême droite au second tour de l'élection présidentielle en France ; le vote massif de la gauche pour le candidat de la droite.

Si la gauche n'eut pas le choix et dut appeler à voter pour le candidat conservateur, elle le fit avec entrain en ressuscitant le thème de l'antifascisme. Jacques Chirac, avec moins de 20 % des voix au premier tour, en recueillait plus de 80 % au second ! Le mécanisme de l'élection présidentielle avait été détraqué. Toutefois, la netteté avec laquelle, assumant les responsabilités, je résolus de quitter la politique active, le regard plutôt positif porté ultérieurement par les Français sur nos années de gouvernement, le regret de la division inscrit pour un temps dans la conscience de la gauche et le fait que pendant mes années au pouvoir le Parti socialiste avait gardé intactes son identité et son unité préservèrent ses chances de retrouver un jour le soutien des Français et le chemin de la victoire.

Quant au président réélu, il se chargera du retour au réel. Il ne prendra pas d'initiative politique et ne fera aucun geste symbolique pour saluer le vote exceptionnel qui l'avait porté. Il empochera sans états d'âme la mirifique victoire qui venait de lui échoir, une victoire qui le portera 27 points au-dessus du score obtenu par le général de Gaulle en 1965 ! Il nommera un Premier ministre modéré : Jean-Pierre Raffarin, et recueillera logiquement une majorité absolue aux élections législatives.

Mon dessein n'est pas ici d'établir le bilan d'ensemble du quinquennat qui suivit, pas plus que je ne le ferai pour les suivants. Je m'engagerai moins encore dans des controverses rétrospectives. Mon intention est seulement de rechercher ce qui a pu nourrir chez les Français cette insatisfaction qui concourut à l'événement de 2017.

Il ne suffit pas d'invoquer le tempérament français. Nos compatriotes sont sans doute plus prompts que d'autres peuples à l'enthousiasme comme à la déception. Dans leur histoire contemporaine, l'ardeur les a plusieurs fois poussés, au nom de la liberté ou de la justice, à des révolutions politiques accélérant le cours des choses, là où leurs voisins choisissaient le lent chemin de la réforme (comme l'Angleterre) ou perpétuaient longtemps des régimes politiques archaïques (en Allemagne par exemple). À d'autres moments, le désabusement a porté les Français à se soumettre à des monarques restaurés ou à des empereurs qui les avaient subjugués.

Avec un degré moins dramatique propre à nos temps démocratiques, une partie un peu semblable s'est jouée en 2017, mêlant la lassitude à l'égard d'anciens leaders et l'engouement pour un nouveau venu. En effet, chacun des trois quinquennats présidentiels qui se sont succédé, notamment le premier, après 2002, avait troublé les Français.

Victoire extraordinaire, politique ordinaire. Un référendum perdu (2002-2007)

Réélu dans une élection-barrage par une majorité extraordinaire, le président Jacques Chirac confia à ses gouvernements la conduite de politiques ordinaires.

Sur le théâtre intérieur, le Premier ministre Jean-Pierre

Raffarin mena pendant trois ans une action conservatrice prudente, accueillie de façon contrastée. Il réalisa une réforme des retraites jugée nécessaire (même si beaucoup l'auraient voulue plus juste) et fit adopter une législation sur le voile à l'école dont l'inspiration laïque fit consensus en France. Mais la réforme des universités fut enterrée par le mouvement des étudiants en colère.

En 2005, plus impétueux que son prédécesseur à Matignon, Dominique de Villepin lança imprudemment la réforme dite du « contrat de première embauche » (CPE), rejetée par les jeunes comme génératrice de précarité. Votée par la majorité, validée par le Conseil constitutionnel (qui ne juge pas de l'opportunité des textes qu'il contrôle mais se prononce seulement sur leur constitutionnalité), promulguée par le président de la République, la loi fut ensuite suspendue, puis effacée après sa promulgation ! Il fallait éteindre l'incendie.

Cet imbroglio institutionnel renvoyait sans doute au désordre des comportements propagé dans la majorité d'alors. Quelles que soient la pertinence ou l'imperfection d'une politique, si les responsables qui doivent la soutenir se déchirent, c'est la cohérence de l'action tout entière qui se trouve affectée. Ses vertus sont gommées et ses travers grossis. Exposé au conflit qu'engendraient la montée en puissance de Nicolas Sarkozy dans le parti majoritaire (l'UMP) et l'ambition croissante de Dominique de Villepin, le président de la République ne sut pas choisir. Il ne consentit pas à faire du premier son héritier, sans pouvoir élever le second assez haut pour l'imposer en rival. Il devint le spectateur de déchirements qui le laissaient impuissant.

Le théâtre international fut d'abord propice au président français. En 2003, Jacques Chirac fit preuve de sagesse, comme

Gerhard Schröder en Allemagne, en refusant d'accompagner les États-Unis de George W. Bush et le Royaume-Uni de Tony Blair dans la guerre contre l'Irak de Saddam Hussein. Les tenants de l'intervention l'avaient justifiée par l'urgence d'éliminer des armes de destruction massive dont la réalité était pourtant douteuse et qui se révélèrent inexistantes. La pertinence de la position du président français fut approuvée par le pays et nourrit sa popularité.

Tout changea en 2005. Le « non » infligé par nos compatriotes (avec 54,67 % des suffrages) au référendum décidé par le président de la République, pour ratifier le Traité constitutionnel européen, témoigna de la distance creusée entre les Français et celui qu'ils avaient élu si massivement. Sans doute sa personne n'était-elle pas en jeu mais seulement une réforme des institutions de l'Europe. En tout cas, son appel à voter « oui » ne modifia en rien l'humeur suspicieuse des électeurs.

Le président avait commis, pour des raisons différentes, la même erreur d'appréciation que François Mitterrand pour l'adoption du traité de Maastricht. En 1992, celui-ci avait assuré qu'il en appellerait au peuple par référendum (autorisé par l'article 11 de la Constitution) seulement si le texte du traité (prévoyant à terme la création de l'euro) n'était pas approuvé par l'Assemblée nationale et par le Sénat. Or, après quelques ajustements jugés nécessaires par le Conseil constitutionnel, les deux Chambres réunies en Congrès à Versailles avaient adopté la révision préalable de la Constitution par 592 voix contre 73. La ratification du traité par le Parlement était donc assurée.

Le président Mitterrand changea néanmoins de pied et décida de soumettre à référendum l'autorisation de ratification.

Alors que je n'étais plus au gouvernement, je lui ai suggéré en vain au cours d'un tête-à-tête de renoncer à cette option. À en croire les sondages, les Français se disaient très favorables à la ratification du traité. Le président pensait tirer d'un référendum *a priori* gagné un soutien à sa politique. Peut-être voulait-il aussi solenniser l'approbation de la France à une réforme significative pour l'Europe. Quand il découvrit que les sentiments des Français changeaient et combien l'affaire devenait hasardeuse, il s'engagea lui-même résolument dans la campagne référendaire. Beaucoup se souviennent de la force avec laquelle le chef de l'État, pourtant affaibli par la maladie, plaida en faveur de la ratification dans un débat télévisé fameux qui l'opposa à un Philippe Séguin combatif et respectueux. Les Français ratifièrent le traité – par une courte majorité (51 %).

Treize ans plus tard, le président Jacques Chirac ne tira pas la leçon de cet épisode et recourut à son tour au référendum, pour des raisons tout autres. Si François Mitterrand avait cru un temps à un succès éclatant, Jacques Chirac ne pouvait avoir cette espérance. Il ne sut pas résister à tous ceux qui, dans son camp ou dans l'opposition, le mirent au défi de consulter le peuple.

Lors de la campagne du référendum, le traité fut caricaturé alors qu'il visait surtout à simplifier et à mettre en forme les textes européens antérieurs. Si la ratification du traité établissant une Constitution pour l'Europe avait suivi la voie parlementaire comme le recommandaient sa technicité et son volume, il aurait été assurément adopté, sans que l'opinion s'en émeuve : les grands partis de gauche et de droite étaient favorables au « oui ». Quant aux députés ou aux sénateurs dissidents, peu nombreux, ils auraient voté négativement ou se seraient abstenus, discrètement, au Congrès réuni à Versailles. Face au référendum, ces mêmes partis se déchirèrent.

Appeler l'ensemble du corps électoral à décider par un « oui » ou par un « non » du sort d'un texte de 474 pages, c'était s'exposer à la simplification, voire à la manipulation. Elle ne manqua pas. Le martèlement de phrases du traité sorties de leur contexte ou délibérément mal interprétées faussa le débat. Jacques Chirac lui-même ne s'engagea pas aussi vigoureusement dans la campagne que François Mitterrand l'avait fait en son temps et les Français, dont la méfiance à l'égard de l'Europe avait crû, dirent non au traité le 29 mai 2005 par plus de 54 % des voix. La France, jadis pionnière de la construction européenne, paraissait s'en détourner.

Sous la Ve République, c'était le deuxième échec subi par un président de la République lors d'un référendum après celui, resté célèbre, du 27 avril 1969 qui conduisit le général de Gaulle à quitter le pouvoir. La consultation de 2005 ne portait pas sur l'organisation de l'État mais sur un traité européen. Le président Chirac ne se sentit pas personnellement désavoué et l'idée de sa démission ne fut pas soulevée. Toutefois, il se trouva politiquement affaibli, l'opinion s'étant fracturée. Sur la fin du second mandat de Jacques Chirac a plané l'ombre de ce référendum raté. D'autres sujets de troubles devaient apparaître au cours des quinquennats de Nicolas Sarkozy et de François Hollande.

3

Nouveaux ébranlements

La crise économique de 2008.
Le déni du référendum (2007-2012)

Le 6 mai 2007, Nicolas Sarkozy est élu président de la République (avec 53 % des voix) contre Ségolène Royal qui a ramené la gauche au second tour. La scène et le ton changent.

Dès qu'il est au pouvoir, Nicolas Sarkozy prend le contre-pied de son prédécesseur. Il l'avait jugé atone, il se veut tonique. Il l'avait trouvé en retrait, il décide de se tenir en première ligne, partout et toujours. Là le portent son tempérament et sa vision d'une présidence hyperactive.

L'élection du nouveau chef de l'État est aisée. Sa cinquantaine et son ardeur sont bien reçues. Néanmoins plusieurs facteurs, différents, ébranleront ensuite l'opinion : le choc de la crise financière, l'ignorance du vote des Français contre le Traité européen et le comportement du président lui-même.

Après un grand succès remporté aux élections législatives, le président compose, autour de François Fillon – qui l'accompagnera pendant cinq ans avec une réserve prudente –, un gouvernement ouvert à quelques personnalités proches de la gauche. Il lance une intelligente révision de la Constitution préparée par la commission Balladur. Elle permet notamment aux citoyens de saisir le Conseil constitutionnel. Les premières mesures économiques, d'inspiration libérale, sont supposées favoriser le travail et le pouvoir d'achat, grâce à la défiscalisation des heures supplémentaires. Le président est encore populaire après cent jours. Le climat changera bientôt.

Il est difficile de savoir si la politique économique très libérale choisie au départ par Nicolas Sarkozy se serait révélée efficace et aurait bénéficié continûment du soutien des Français sans le surgissement de la crise financière de 2008. D'une part, cette crise a mécaniquement tiré vers le bas les performances économiques de notre pays, comme ailleurs. D'autre part, l'obligation de sauver le système financier a conduit Nicolas Sarkozy, non pas à renoncer à ses présupposés idéologiques, mais à se montrer, dans la pratique, très interventionniste. Il en résulta un mélange des genres inattendu.

Ce qui n'est pas contestable, c'est la réactivité et la vigueur avec lesquelles le nouveau président fit face à la tempête. En France, une alerte l'avait annoncée dès janvier 2008 : une lourde perte subie par la banque Société générale à la suite de l'imprudence d'un trader mal surveillé. La crise éclate finalement à l'été aux États-Unis, à partir de la défaillance de produits financiers spéculatifs et fragiles – les *subprimes* –, puis se propage dans le système financier mondial. La « bulle financière » vient d'éclater. Nous verrons plus loin pourquoi et comment.

Devant la menace d'un effondrement des banques et d'autres institutions financières provoquant une crise majeure du système productif, tous les gouvernements réagissent. Ils empruntent massivement pour trouver les ressources nécessaires aux renflouements qui s'imposent. Le président Sarkozy se montre alors un des dirigeants occidentaux les plus actifs et il contribue à une réplique coordonnée de l'Europe, au prix d'un endettement massif des États. Toutefois, les conséquences économiques et sociales de l'ébranlement financier seront rudes pour les peuples : la multiplication des plans sociaux, l'augmentation du chômage, la baisse du revenu par tête accompagneront le ralentissement de la production.

Cet orage, qui assombrit encore nos économies dix ans après, va affecter la popularité de Nicolas Sarkozy. Car si les Français lui font crédit de ses initiatives pour circonscrire la tempête financière, ils supporteront mal les conséquences de la crise dans leurs vies. Ils garderont en mémoire les centaines de milliards d'euros inévitablement empruntés pour sauver les banques du naufrage. Ils regarderont leurs dirigeants rompre en quelques jours au profit de celles-ci avec l'orthodoxie économique et budgétaire qui était jusque-là leur bréviaire. Ils comprendront que c'était nécessaire, mais ils admettront mal que cette rupture avec les dogmes ne joue plus en leur faveur quand leurs emplois, leurs salaires ou leurs retraites seront en jeu. Ils en conserveront l'impression restée tenace aujourd'hui – comme en témoignent certains slogans de mouvements récents – que règnent en ces matières deux poids, deux mesures. Au souci de sauvegarder les institutions financières n'a pas répondu l'exigence d'aider les couches sociales en difficulté à traverser la crise.

À ces motifs de mécontentement s'est ajoutée l'irritation provoquée dans une partie de l'opinion par la manière dont s'est conclue la séquence sur le Traité européen : son rejet fut contourné et la souveraineté du peuple ne fut pas respectée. Ce refus, en effet, n'empêcha pas nos gouvernants de poursuivre presque à l'identique la réforme institutionnelle engagée. Le président Sarkozy décida de faire ratifier, par le Parlement cette fois, un « traité simplifié » peu différent sur le fond de celui qui avait été repoussé par le peuple. Des modifications de forme avaient été introduites par le biais d'une brève conférence intergouvernementale. On présenta le texte comme un nouveau traité, en se gardant de le soumettre à un vote populaire.

Le stratagème utilisé par le président Sarkozy pouvait sembler habile. Le Traité européen, initial ou simplifié, ne méritait pas les violentes critiques qui l'avaient assailli. L'extension du vote à la majorité qualifiée dans les instances européennes, la reconnaissance juridique de la Charte des droits fondamentaux ou encore la faculté donnée à certains États membres d'avancer ensemble plus vite que les autres s'ils le souhaitaient n'étaient pas des mauvaises dispositions. En outre, la ratification du traité permettait à la France, pays clé au sein de l'Europe, de ne pas rester enfermée dans une position qui bloquait l'Union. La raison semblait succéder aux passions. D'ailleurs, la plupart des personnalités qui, dans la campagne du référendum, s'étaient emportées contre le traité acceptèrent sans maugréer le tour de passe-passe qui venait d'intervenir. D'autres, dont j'étais, pensèrent que la France aurait pu aussi bien s'épargner des semaines de psychodrame en privilégiant d'entrée de jeu la voie parlementaire.

Car si le procédé employé par Nicolas Sarkozy eut pour mérite de dégripper la machinerie communautaire, il entraîna deux conséquences néfastes. En Europe, il dispensa les gouvernements et la Commission d'avoir à s'interroger sur le bien-fondé de la priorité accordée à la réforme institutionnelle de l'Union au détriment d'autres questions qui préoccupaient bien davantage les Européens. En France, le non-respect d'un vote clair et solennel du peuple a contribué à diffuser en son sein le sentiment que ses décisions ne comptaient pas. Tirons-en une leçon. Rien n'oblige le président de la République à consulter le peuple par référendum. Mais quand celui-ci s'est exprimé, alors son vote doit être respecté.

La dernière raison de l'éloignement des Français à l'égard du président Sarkozy tient à son comportement. La mise en cause personnelle des chefs d'État n'est pas rare dans les régimes présidentiels. C'est la rançon de l'étendue de leur pouvoir et de la constance de leur exposition. Les Premiers ministres des régimes parlementaires peuvent être des personnalités vigoureuses, avec parfois des comportements clivants. Certains, après avoir été admirés, sont devenus importuns aux yeux de leurs pairs et de l'opinion et ont été écartés. Emblématiquement, on l'a vu en France pour Clemenceau après la Première Guerre mondiale et au Royaume-Uni pour Churchill après la Seconde. Mais, en général, le système parlementaire, dans les pays où il reste stable, préserve celui qui gouverne. Dans ces régimes, le Premier ministre émane de sa majorité autant qu'il la conduit. Il ne peut survivre sans elle, mais tant qu'il en dispose, elle le protège.

Quant à nos présidents, leur mode d'élection au suffrage universel direct, leur suprématie dans l'exécutif sur le Premier ministre et les ministres (hors cohabitation), leur autonomie à l'égard du Parlement, l'attention constante que leur portent les médias et désormais les réseaux sociaux, l'importance des pouvoirs dont ils disposent ou qu'on leur prête les singularisent et les exposent. Leur manière d'être est constamment scrutée.

Choisir un style est donc pour un président français un enjeu et un risque. Nicolas Sarkozy a voulu être un président fort, volontariste, présent sur tous les fronts et se saisissant de chaque dossier. Il a minoré le rôle de son Premier ministre, lequel devait faire tourner la machine gouvernementale en supportant des immixtions constantes de l'Élysée. Par nécessité et peut-être aussi par calcul, en pensant à l'avenir, François Fillon s'est accommodé de n'être pas dans la lumière parce qu'il se protégeait ainsi de ses éclats. Les Français ont accepté ce duo pendant cinq ans.

Mais le président n'a pas affirmé seulement une posture de pouvoir, il a aussi affiché une manière d'être et un ton face à tous les Français. Nicolas Sarkozy se montrait sans complexe, direct, et même abrupt avec ceux qui l'interpellaient, ce qui a surpris et bientôt choqué. Il ne cachait pas ses émotions. A-t-il mis en scène sa vie privée, comme on le pratique aux États-Unis, ce qui n'est pas dans la tradition française ? En tout cas, il l'a exposée et même commentée. Cette attitude, qui éveilla d'abord la curiosité et peut-être l'intérêt, laissa place à la lassitude et à l'irritation quand les temps devinrent plus difficiles pour le pouvoir. Cette question de ton et de style joua un rôle non négligeable dans la désaffection de l'opinion à l'égard de Nicolas Sarkozy. Candidat à sa réélection, le président sera défait par François Hollande.

La désagrégation d'une présidence (2012-2017)

François Hollande est élu à la présidence de la République le 6 mai 2012. Au premier tour, il devance de peu Nicolas

Sarkozy (28,6 % des voix contre 27,2 %). Marine Le Pen, qui a succédé à son père et représente autrement l'extrême droite, a fait progresser un peu son score (17,9 %). François Bayrou, porte-drapeau du centre, n'obtient cette fois que 9,1 % et annonce qu'il votera pour François Hollande. Nicolas Sarkozy dispose de peu de réserves de voix. La gauche est minoritaire mais, instruite par l'expérience passée, elle évite la fatale division de 2002. Jean-Luc Mélenchon (11,1 % des voix) appelle à voter pour François Hollande. Au second tour, Nicolas Sarkozy joue son va-tout et mobilise sans compter des moyens importants (ses comptes de campagne seront invalidés) mais ne parvient pas à combler son retard sur le candidat socialiste. Dans la victoire de François Hollande, qui a bien conduit sa campagne, se mêlent le rejet du président sortant, le retour d'une espérance à gauche et l'adhésion à un élu d'expérience, doté d'une intelligence vive et d'un tempérament aimable.

Les élections législatives amplifient en juin le succès présidentiel : le Parti socialiste obtient à lui seul la majorité absolue à l'Assemblée nationale, avec 280 députés. Si l'on y adjoint les élus radicaux de gauche et écologistes, le gouvernement que conduit Jean-Marc Ayrault dispose d'une majorité confortable (331 députés) au Palais-Bourbon. La gauche tout entière y compte 341 élus.

Là ne se limitent pas les points d'appui politiques et institutionnels dont dispose le nouveau pouvoir. D'abord, et c'est une situation inédite, la gauche détient la majorité dans la seconde Chambre. En cent trente ans, depuis la naissance du Sénat républicain en 1875 avec l'organisation de la IIIe République, la gauche y avait toujours été minoritaire ! Le mode d'élection si particulier des sénateurs, au suffrage universel indirect, avec une répartition des sièges favorisant les zones rurales, lui avait toujours interdit de franchir cette marche, même lors des poussées de gauche, comme en 1936 au moment du Front populaire ou après 1981. Sous la Ve République, le Sénat avait été préservé de ce qu'il aurait peut-être perçu comme une incongruité. Or la seconde Chambre, hormis le dernier mot laissé à l'Assemblée nationale pour adopter la loi (sauf si celle-ci concerne le Sénat), dispose de pouvoirs analogues à ceux de la première. En conséquence, les gouvernements de droite trouvent ordinairement à leurs côtés une seconde assemblée bienveillante, alors qu'un exécutif de gauche doit au minimum composer avec elle.

Lorsqu'en 1998, alors Premier ministre, j'avais évoqué une « anomalie démocratique » à propos du Sénat, ce n'était pas pour remettre en cause le bicamérisme, quoi qu'on en pense. C'était pour contester une manière d'élire les sénateurs qui excluait l'alternance, laquelle est la respiration de la démocratie. Le Sénat avait alors concédé quelques aménagements en élargissant le vote à la proportionnelle.

En 2011, coup de tonnerre feutré, la gauche devient, de peu, majoritaire au palais du Luxembourg et un socialiste, Jean-Pierre Bel, est porté à sa présidence. Ce basculement était devenu possible grâce au rajeunissement de la composition du Sénat, à sa féminisation entraînée par la loi sur la parité et du fait des succès remportés par la gauche aux élections locales de 2008, 2010 et 2011, amplifiés par la fronde de nombreux élus modérés mécontents des réformes territoriales du président Sarkozy. En 2012, le nouveau gouvernement et sa majorité à l'Assemblée avaient donc la chance inédite de dialoguer avec une seconde Chambre conciliante. Ce privilège dura deux ans.

Le pouvoir central pouvait aussi compter sur de solides partenaires institutionnels dans l'ensemble du territoire national. Presque toutes les régions, la majorité des départements et l'essentiel des villes grandes et moyennes étaient animés par des personnalités de gauche, souvent socialistes. Il est déconcertant de mesurer le peu qu'il est resté, au terme du quinquennat, de cette impressionnante réunion de forces.

Dans sa campagne, évoquant sa conception de la présidence, François Hollande avait pris à rebours son prédécesseur, comme l'avait fait avant lui Nicolas Sarkozy. Or les définitions de soi *a contrario* sont d'un maniement délicat : elles enferment plus qu'elles n'affranchissent. Puisqu'on avait reproché à Nicolas Sarkozy son « hyperprésidence », François Hollande se voulut président « normal ». Il le fut sans doute dans ses contacts familiers avec ses concitoyens, tant qu'ils restaient possibles. Mais un chef d'État peut-il et doit-il toujours être « normal » ?

François Hollande sut en tout cas ne pas être ordinaire pour assumer la dimension exceptionnelle de la fonction d'un chef d'État quand son pays affronte des tragédies. Pendant les deux années terribles de 2015 et 2016, lorsque le terrorisme nous a si violemment frappés, le président Hollande, le Premier ministre Manuel Valls et le ministre de l'Intérieur Bernard Cazeneuve ont, chacun à sa place, répondu au défi qui nous était lancé. Ils ont pris les mesures et trouvé les mots propres à rassembler la communauté nationale. Au début de 2014, le président avait déjà pris dans l'urgence les décisions qui s'imposaient au Sahel. Sans l'opération Serval déclenchée aussitôt la menace identifiée, le Mali et sa capitale Bamako seraient tombés aux mains des colonnes rebelles lancées par des groupes djihadistes. En Syrie aussi, quand il était temps encore de punir Bachar el-Assad pour son utilisation d'armes chimiques contre son peuple comme plusieurs pays l'en avaient averti, la France, avec François Hollande, était prête à frapper. La dérobade des États-Unis l'a interdit, précipitant sans doute la sinistre suite. Dans ces épreuves, les Français ont reconnu la capacité de leur président à faire face.

Pour autant, le champ du régalien ne se limite pas à la politique extérieure et à la défense. Parmi les missions dites régaliennes, celles que l'État républicain aujourd'hui, comme le roi hier, ne peut remettre à d'autres, figurent aussi la sécurité intérieure, la justice et le droit, le budget et l'impôt. Pour la monnaie, il en va différemment puisque, depuis l'euro, à l'indépendance de la Banque de France a succédé celle de la Banque centrale européenne.

Paradoxalement, la gestion ordinaire des hommes et des choses où aurait dû s'illustrer la présidence « normale » a entraîné la désaffection des Français. Ils ont été désorientés par un défaut d'autorité, l'absence de solidarité au sein de la majorité et la désagrégation d'une identité politique.

Le défaut d'autorité n'a pas affecté, je l'ai dit, la lutte contre le terrorisme. Mais le déficit d'autorité a semblé progressivement corroder les rouages du pouvoir. Était-ce lié à des contradictions dans l'orientation politique esquissée par la présidence, à des hésitations dans les impulsions données pour sa mise en œuvre, le président et les ministres communiquant entre eux par-dessus la tête du Premier ministre ? A-t-il manqué une écoute suffisante de la majorité socialiste ou bien cette majorité était-elle réticente sur le fond ? À la distance où j'étais placé, et n'ayant pas connu moi-même au gouvernement des difficultés de cet ordre, il est délicat de trancher. En tout cas, les dissensions publiques entre des membres des gouvernements de Jean-Marc Ayrault (qui avait été pendant quinze ans un président respecté du groupe socialiste à l'Assemblée nationale), puis de Manuel Valls, les démissions fracassantes de ministres ou leurs révocations, leurs éclats sur la place publique, plus tard l'utilisation répétitive du 49.3 (dont, Premier ministre, je n'avais jamais usé) ont donné les signes d'un affaiblissement de l'autorité.

À cela s'est ajoutée une absence de solidarité entre l'exécutif et sa majorité, résultant sans doute d'un manque de confiance réciproque. D'entrée de jeu, le président Hollande avait renoncé à inclure dans son dispositif politique des représentants de ses soutiens du second tour : les Insoumis, le parti communiste, voire François Bayrou. L'absence de tout geste à leur égard s'explique peut-être par l'écart qui existait entre leurs conceptions et par l'assurance de disposer déjà, grâce aux socialistes, aux radicaux de gauche et aux écologistes, d'une majorité confortable à l'Assemblée.

Veiller à la solidité de la majorité restreinte choisie devenait d'autant plus impérieux. Or ni sa cohésion ni sa solidarité ne furent assurées. D'un côté, l'exécutif n'a pas été attentif aux doutes exprimés dans son camp quand il a infléchi sa politique économique au nom de la recherche de l'efficacité et de la compétitivité. De l'autre, l'esprit de fraternité s'était émoussé au Parti socialiste où prospéraient au contraire l'esprit de clan et l'individualisme. Auparavant, voter contre la décision prise par la majorité du groupe parlementaire socialiste était rarissime et relevait de la clause de conscience individuelle. À l'intérieur du groupe, le débat était libre et le désaccord permis, des décisions pouvaient s'en trouver infléchies. À l'extérieur, c'est-à-dire dans l'hémicycle et dans les médias, l'unité prévalait. Pendant ce quinquennat, d'un côté, l'exécutif a négligé les critiques ou les suggestions et s'est placé sur un strict plan disciplinaire tandis que, de l'autre, les « frondeurs » sont restés aveugles aux dégâts des divisions qu'ils provoquaient. Des efforts de rapprochement n'ont pas été entrepris. Les Français, de gauche ou non, ont été déroutés par le spectacle de cette déchirure.

Enfin, l'identité socialiste s'est défaite. Certes la gauche n'est pas monolithique ni la pensée socialiste homogène. Les socialistes défendent les libertés, sans réduire l'amour de la liberté à un individualisme. Recherchant la justice sociale et la réduction des inégalités, ils reconnaissent la force des engagements collectifs et respectent les organisations représentatives, syndicales ou associatives. Quant à la liberté économique, ils entendent la réguler, surtout quand de gigantesques entreprises (comme les GAFAM) prétendent s'en réclamer au détriment de l'intérêt général.

Cet intérêt général n'est pas une notion abstraite. Il implique, pour être reconnu comme tel et accepté, un partage équitable des efforts consentis et des fruits récoltés dans l'activité économique. Avec désormais la prise en compte des exigences de l'écologie.

Il était normal que le programme de campagne de François Hollande soit composite. Je n'ai jamais fait mien le simplisme de l'opposition entre une gauche « idéaliste » et une gauche « réaliste ». L'action politique vise à réaliser des idées. Malgré quelques proclamations légères (telle la taxation à 75 % des plus hauts revenus), le début du quinquennat a mêlé des dispositions prudentes sur le terrain budgétaire et des mesures sociales. Mais la suite fut problématique.

Une politique économique cohérente implique d'être collectivement mûrie et menée dans la durée. Au lendemain de l'élection présidentielle de 1995, au sein du Parti socialiste, nous avions mené pendant deux ans un travail de réflexion soutenu en direction de nos adhérents, notamment avec Martine Aubry, Henri Emmanuelli et Dominique Strauss-Kahn. Quand le président Chirac a décidé la dissolution de l'Assemblée nationale, entraînant des élections législatives anticipées d'un an, nous savions quelle politique conduire.

Nommé Premier ministre, j'ai annoncé mon intention de gouverner selon un processus continu, en évitant les changements de cap toujours déroutants. Pendant ma législature, il n'y a pas eu de « tournant de la rigueur ». Nous ne nous sommes pas laissé dominer par l'idéologie ni guider par une théorie économique dogmatique. Au lieu d'opter pour la relance par la demande (comme en 1981) ou de vénérer la politique de l'offre (comme aujourd'hui), nous avons recherché le meilleur pilotage de politique économique et sociale pour atteindre des objectifs que d'autres croyaient inconciliables. Nous sommes restés suffisamment réalistes pour nous qualifier pour l'euro et éviter ainsi un échec pour la France. Nous nous sommes montrés assez hétérodoxes pour ne pas casser la reprise économique alors amorcée et pour engager une politique audacieuse de lutte contre le chômage – qui a eu des résultats probants. Nous n'avons jamais touché aux acquis du monde du travail.

On peut se demander si, quinze ans plus tard, François Hollande a pu réaliser le travail préalable de réflexion collective propre à assurer chez ses partisans un consensus durable après son élection. Lorsqu'un contrat a été élaboré par tous, et adopté par une majorité, il lie normalement ceux qui gouvernent et ceux qui les soutiennent. Cela n'a pas été le cas lors du quinquennat ouvert en 2012. D'où la naissance de malentendus et la montée d'accusations réciproques.

D'autant qu'un surprenant changement de cap a été opéré en 2014. Il n'était pas imposé par la conjoncture, contrairement au « tournant de la rigueur » de 1983. Il semblait plutôt dicté par un basculement soudain de la philosophie économique du gouvernement. En tout cas, à l'occasion d'une conférence de presse en janvier 2014, le président de la République annonça son ralliement à la « politique de l'offre », comme si elle pouvait créer sa propre demande.

Quand s'accusa en 2015 le tournant économique libéral du quinquennat sous l'impulsion d'Emmanuel Macron devenu ministre de l'Économie, on vit la majorité parlementaire du président regimber et une fraction se braquer et entrer en dissidence. La loi pour la croissance, l'activité et l'égalité des chances économiques, en 2015, et la réforme du Code du travail, en 2016, cristallisèrent les oppositions, chez les syndicats et au sein même de la majorité parlementaire.

J'examinerai plus tard la politique actuelle qui renforce l'option économique libérale. En tout cas, les orientations de 2015 n'avaient pas été annoncées dans la campagne de 2012 et elles s'éloignaient de la culture économique de la gauche. Devenus rebelles ou restés fidèles, beaucoup de socialistes ont été désorientés.

Un autre malaise est né quand le président Hollande a annoncé son intention, devant le Parlement réuni en Congrès à Versailles après les attentats du 13 novembre 2015, d'engager une procédure de révision de la Constitution afin de changer le droit de la nationalité. Cette révision devait permettre de déchoir de leur nationalité française des binationaux si la personne visée était « condamnée pour un crime constituant une atteinte grave à la vie de la Nation ».

L'émotion manifestée alors dans la gauche politique, au sein des milieux associatifs et chez nombre de juristes, portait sur l'idée même que l'on se faisait de la condition de Français dans la République. Après que la garde des Sceaux, Christiane Taubira, a démissionné et qu'une minorité impressionnante de députés socialistes a voté contre le texte, le président de la République décide d'abandonner le projet au printemps 2016. De la discorde, on passe à la confusion.

Le quinquennat de François Hollande a été confronté à un défi terroriste sans précédent par son ampleur et sa gravité auquel nos dirigeants ont répondu avec la force et la hauteur voulues. Dans l'épreuve, la communauté nationale est restée unie. Au terme des cinq années, certains résultats économiques ont été obtenus (le chômage avait recommencé à baisser), des réformes utiles ont été entreprises, et la diplomatie française, conduite par Laurent Fabius, a contribué au pas en avant fait par la France, dans le champ de l'écologie, avec la signature en décembre 2015 à Paris de l'Accord sur le changement climatique.

Pourtant s'est installé finalement au sein de la gauche un sentiment de déception et de perte d'identité. Le renoncement du président à se représenter en a été le symptôme. Le score catastrophique du candidat socialiste à l'élection présidentielle de 2017 en fut la rançon. L'élection d'Emmanuel Macron en sera l'aboutissement.

Avant d'orienter mon regard sur la situation de notre pays en 2020, je procéderai à une digression touchant nos institutions et précisément, sous mon gouvernement, la réduction à cinq ans du mandat présidentiel. Car cette question a un rapport avec ma recherche de ce qui nous a conduits à la surprise de 2017.

4

Le quinquennat, une cause d'instabilité ?

J'entends dire assez souvent que l'instauration du quinquennat par référendum le 24 septembre 2000 et le changement de la date initialement prévue pour les élections législatives afin qu'elles aient lieu après l'élection présidentielle, et non pas juste avant, auraient accentué la pente présidentielle du régime, voire contribué à l'impopularité de nos quatre derniers présidents. Le quinquennat serait-il une cause d'instabilité ?

Rappelons ce que sont nos institutions et le régime présidentiel. Pour ma part, jeune étudiant, je n'avais pas voté en faveur de la Constitution de 1958. Je n'avais pas non plus approuvé sa révision de 1962 qui introduisait l'élection au suffrage universel du président de la République.

Pourtant, je voyais les défauts du régime ultra-parlementaire de la IVe République : faiblesse du pouvoir exécutif, instabilité gouvernementale, oscillations parlementaires incessantes. Il était difficile de conduire dans la durée des politiques cohérentes. Je me rangeais à l'époque du côté de ceux qui, comme Pierre Mendès France, préconisaient l'organisation d'un parlementarisme rationalisé assurant sa stabilité à l'exécutif sans affaiblir les pouvoirs du Parlement.

J'étais sans doute marqué par l'histoire et, peut-être à contretemps, je gardais en tête les conséquences désastreuses de l'élection au suffrage universel de Louis-Napoléon Bonaparte comme président de la IIe République, en 1848. Trois ans plus tard, après un coup d'État, il avait installé en France par référendum l'empire autoritaire.

Depuis de Gaulle, l'élection du président au suffrage universel a été validée par les Français et le Général n'est devenu ni empereur ni roi. Notre pays a vécu dans la stabilité sous le régime de la Ve République pendant soixante ans. Faudrait-il bouleverser nos institutions, réécrire notre Constitution et entrer dans une VIe République ? Je ne pense pas que l'urgence soit là.

En réalité, notre régime politique est mixte. Il est présidentiel, puisque le chef de l'État est élu au suffrage universel direct et dispose de pouvoirs importants. Il est parlementaire, parce que, selon l'article 20 de la Constitution, « le gouvernement détermine et conduit la politique de la Nation » et « est responsable devant le Parlement ». Un président de la République ne disposant plus d'une majorité à l'Assemblée nationale est privé d'une bonne partie de ses pouvoirs et doit laisser, pour l'essentiel, les mains libres au Premier ministre issu de la nouvelle majorité. Deux cohabitations courtes, en 1986-1988 et en 1993-1995, et une cohabitation longue, de 1997 à 2002, en ont apporté la démonstration.

À mon sens il n'est pas souhaitable, aujourd'hui, de se focaliser sur le débat institutionnel. J'ai en effet la conviction que le « malaise français » ne tient pas d'abord à nos institutions mais surtout aux politiques conduites par les gouvernements. Un débat sur les institutions nous détournerait de l'examen des attentes réelles de nos compatriotes. À supposer que les Français soient disposés à changer de Constitution – ce qui n'est pas sûr –, il faudrait d'ailleurs s'entendre sur les réformes constitutionnelles précises qu'on leur proposerait. On en est loin.

Benoît Hamon a plaidé pour l'émergence d'une VIe République « dans laquelle le chef de l'État ne serait plus irresponsable, dans laquelle le Parlement retrouverait son indépendance, dans laquelle, surtout, le citoyen ne serait plus infantilisé et réduit au rang d'électeur intermittent ». C'est bien général pour définir un nouveau régime politique.

De son côté, Jean-Luc Mélenchon ne veut pas préjuger des conclusions de l'Assemblée constituante qu'il appelle de ses vœux. Il insiste sur la procédure d'adoption de la future Constitution. En 2017, il affirmait que, s'il était élu président, il « soumettrait à référendum un projet de loi convoquant l'Assemblée nationale. En cas de réponse positive [...] elle aurait alors deux ans pour élaborer un projet constitutionnel [...]. À l'issue de ce processus, le texte constitutionnel ainsi rédigé serait soumis à référendum [...] et, en cas de vote positif, la Constitution de la VIe République serait promulguée dans la foulée ». Cela fait beaucoup de temps passé. Pour un régime de quelle nature ? On ne le sait pas.

Revenons donc à la contestation du quinquennat.

Le passage au quinquennat

L'idée de réduire la durée du mandat présidentiel venait de loin. En avril 1973, le président Pompidou avait pris l'initiative d'un raccourcissement. Ainsi avait-il dit : « J'ai pensé qu'il fallait consulter le pays un peu plus souvent et j'ai pensé qu'une durée de cinq ans était bonne. » Il avait obtenu à l'Assemblée nationale et au Sénat un vote favorable à une révision constitutionnelle allant dans ce sens. Mais la majorité des trois cinquièmes au Congrès avait fait défaut, la gauche ayant voté contre, et la réforme fut ajournée.

Pourtant, l'idée du quinquennat était présente dans le Programme commun de la gauche adopté un an plus tôt. Plus tard, en 1981, la 45e des 110 propositions du candidat François Mitterrand annonçait : « Le mandat présidentiel sera ramené à cinq ans renouvelable une fois, ou limité à sept ans sans possibilité d'être renouvelé. » La droite et la gauche ont ainsi été l'une et l'autre, à un moment donné, favorables au quinquennat.

En 2000, j'ai repris au bond une proposition de Valéry Giscard d'Estaing relayée par François Bayrou et, après accord de ma majorité parlementaire, j'ai convaincu le président Jacques Chirac, au départ plutôt réticent, de soumettre cette réforme à l'approbation des Français par référendum. Cela répondait à mes yeux à une exigence de respiration démocratique.

Pas plus qu'il n'était raisonnable que le mandat des sénateurs – ramené depuis à six ans – restât fixé à neuf ans, la durée de sept ans du mandat d'un président de la République doté d'autant de pouvoirs n'était pas en harmonie avec les rythmes de la démocratie moderne. Sans même parler des États-Unis, les États européens, que leur régime soit parlementaire (le plus souvent) ou présidentiel, ont des élections nationales tous les quatre ou cinq ans. Les Français approuvèrent cette réforme à une très large majorité (73,21 % des suffrages exprimés), même si, comme c'est souvent le cas à propos des questions institutionnelles lorsque la cause semble entendue, la participation a été faible (30,19 %). Cela représentait tout de même plus de 10 millions de votants.

La réduction à cinq ans du mandat présidentiel n'est certainement pas une cause du malaise politique ni de l'impopularité de nos présidents. D'ailleurs, s'ils sont devenus impopulaires bien avant la fin de leur quinquennat, pourquoi vouloir leur accorder un mandat plus long ? Le problème réside-t-il alors dans l'« inversion » du calendrier électoral ? Voyons cela.

L'inversion du calendrier

Le mot « inversion » est trompeur car il laisse supposer qu'en 2001 nous aurions soudainement changé la norme. Ce ne fut pas le cas. Les élections législatives de 2002 tombaient, au terme de la législature et par le seul hasard des calendriers, juste avant l'élection présidentielle. Elles ont été, à mon initiative, placées tout de suite après. Ce faisant, nous ne changions pas la règle puisqu'elle n'existait pas.

Une seule fois, à la charnière des IVe et Ve Républiques, les élections législatives avaient eu lieu juste avant l'élection présidentielle. En 1958, il avait bien fallu que le général de Gaulle, de retour au pouvoir en tant que président du Conseil dans la IVe République finissante, s'assure par des élections législatives d'une majorité parlementaire pour pouvoir changer la Constitution (approuvée ensuite par référendum) et devenir président de la République. Il fut à l'époque élu par un collège électoral de 80 000 « grands électeurs » et non pas par le peuple. La Constitution ayant été réformée en 1962 (toujours par référendum), le général de Gaulle fut élu au suffrage universel en 1965, face à François Mitterrand, à l'issue de son premier septennat. L'unique précédent du calendrier électoral de 1958 est un contre-exemple puisqu'il se situe sous la IVe République et qu'il ne concerne pas une élection par le peuple.

Sous la Ve République en revanche, jamais les élections législatives ne se sont situées juste avant l'élection présidentielle. Lors des élections présidentielles de 1965, 1969, 1974, les présidents élus (Charles de Gaulle, Georges Pompidou, Valéry Giscard d'Estaing) disposaient déjà d'une majorité parlementaire. Et quand, après son élection, François Mitterrand s'en est trouvé dépourvu, en 1981 et en 1988, il a dissous l'Assemblée nationale et provoqué, dans la foulée, des élections législatives pour s'assurer une majorité. Il savait que c'était la condition de l'action. Si le président socialiste avait gardé jusqu'à son terme (1983) l'Assemblée élue en 1978, comme le suggérait à l'époque Michel Rocard, il n'aurait pu faire voter les grandes réformes de son premier septennat : l'abolition de la peine de mort, les nationalisations, la retraite à soixante ans, la décentralisation par exemple. La majorité parlementaire conservatrice l'en aurait empêché. Les enseignements de l'histoire sont clairs.

Il n'est pas interdit de vouloir changer de régime. Mais tant qu'on le conserve, il est inconséquent de le dénaturer. En démocratie, la légitimité des pouvoirs procède du peuple. Or, dans nos institutions, le président de la République est le seul personnage de l'État à être élu par l'ensemble des citoyens. Il est donc justifié que son élection ouvre la séquence politique inscrite dans un quinquennat et une législature.

Procéder à l'inverse exposerait le pays à des majorités aléatoires ou à l'élection de présidents sans majorité, à moins de retirer aux Français le droit reçu il y a cinquante-huit ans de choisir le chef de l'État et de rendre sa fonction honorifique. Ce serait revenir à un régime strictement parlementaire. Avec, dans un pays comme la France, d'assez grands risques d'instabilité politique. L'adoption du quinquennat et l'inversion du calendrier restent à mon sens des décisions sages. L'existence du quinquennat n'a d'ailleurs pas joué de rôle dans l'épisode récent qui a installé un président peu connu et une majorité inédite aux responsabilités du pays. Les causes étaient ailleurs.

L'affaissement de la gauche, l'image dégradée du champion de la droite, une société découragée par le maintien d'un chômage élevé, la persistance des inégalités et le sentiment de l'impuissance des politiques ont, à la veille de l'élection présidentielle de 2017, nourri un désir de changement. Il s'est cristallisé sur un homme jeune et énergique, bien armé intellectuellement, virulent dans la critique de ses devanciers, attirant comme un perturbateur et rassurant comme un héritier. Il gagna en exploitant une insatisfaction et en soulevant une espérance.

DEUXIÈME PARTIE

2020. La désillusion

1

L'espérance enfuie

Près de trois ans après l'arrivée au pouvoir d'Emmanuel Macron, l'élan promis n'est pas au rendez-vous. La France n'a pas retrouvé confiance. La promesse d'un « nouveau monde » a été sans lendemain. Dans la réalité, même si le laps de temps écoulé peut être jugé trop court pour qu'une politique ait pu produire tous ses effets, ce que nous livre un point d'étape est plutôt préoccupant.

Un pays sous tension

Les performances économiques du pays, en ce début de 2020, sont contrastées et modestes. La croissance de l'économie a été de 1,3 % en 2019, ce qui est faible mais supérieur à la performance de l'Allemagne, au bord de la récession. Le déficit des comptes publics (État, collectivités locales, Sécurité sociale) se situe un peu au-dessus des 3 % de Maastricht (3,1 %), sans permettre une réduction sensible de l'endettement. La dette publique a continué de s'accroître et elle vient d'atteindre 100 % du produit intérieur brut (elle ne dépassait pas 60 % en

2002 quand j'ai quitté Matignon). Le taux de chômage a baissé, passant de 9,5 % à 8,1 % en 2019. La balance commerciale reste déficitaire (plus de 58 milliards de dollars). Le pouvoir d'achat moyen des Français a légèrement progressé (de 2,1 %), essentiellement en raison des concessions faites en réponse au mouvement des Gilets jaunes. Mais la pauvreté et les inégalités se sont accrues.

La France connaît de très fortes tensions sociales. Les premières réformes de l'équipe au pouvoir ont été d'une inspiration ouvertement libérale. La remise en cause du statut des cheminots dès le début du quinquennat, alors qu'elle ne figurait pas dans le programme du candidat, les atteintes au droit du travail (en passant outre aux objections des syndicats) ont été combattues sans être empêchées. Elles ont été présentées par le gouvernement comme des victoires remportées sur des forces de résistance au « changement », comme si tout changement était forcément bon et juste. Mais elles ont créé des conflits. Le mouvement des Gilets jaunes (que j'analyserai plus tard), les violences qui l'ont accompagné et la dure réplique policière commandée par le gouvernement ont accentué les dissensions. Les vigoureux mouvements dans les hôpitaux, les grèves et les manifestations de l'hiver 2019 contre la réforme des retraites ont été de nouveaux signes d'un climat social dégradé.

L'atmosphère dans le pays inquiète : le scepticisme et la crispation dominent. La vie parlementaire est constamment conflictuelle cependant que les manifestations d'intolérance se multiplient. Quant à l'exemplarité politique promise, elle a fait long feu. Huit ministres ont déjà dû quitter le gouvernement pour avoir été personnellement mis en cause et la première candidate de la France à la Commission européenne a été récusée par le Parlement de l'Union. Pourquoi ce climat morose moins de trois ans après des élections éclatantes ? Tient-il au tempérament des Français, plus portés que d'autres au mécontentement et à la révolte ? C'est ce que suggèrent nos gouvernants. Le mouvement des Gilets jaunes en serait la dernière illustration.

Il est vrai que les Français, selon plusieurs comparaisons internationales publiées ces dernières années, sont plus sujets que d'autres peuples à une méfiance à l'égard d'autrui qui, n'épargnant que leurs proches, touche particulièrement les médias, les syndicats et les responsables politiques. Le président est-il atteint par ce même désamour qui avait frappé ses devanciers ?

Une explication du désabusement pourrait se fonder sur une appréciation devenue plus réaliste des élections de 2017. Impressionnés par les défaites indiscutables des deux grands partis traditionnels, trop d'observateurs auraient transformé en triomphe un succès circonstanciel et pris pour une pleine adhésion à une personne et surtout à une politique ce qui relevait, au second tour de l'élection présidentielle, d'une nécessité : faire barrage à l'extrême droite.

En réalité, le score de premier tour du futur vainqueur était simplement honorable (24,1 %). Charles de Gaulle, Georges Pompidou, Valéry Giscard d'Estaing, François Mitterrand, Nicolas Sarkozy et François Hollande avaient tous obtenu, avant d'être élus, des résultats supérieurs et parfois très supérieurs à celui d'Emmanuel Macron. Seul Jacques Chirac avait fait moins bien. Or le score du premier tour révèle la force initiale dont dispose en propre un futur président.

Au second tour, la victoire d'Emmanuel Macron fut, il est vrai, éclatante. Le score de 66,1 % est supérieur à celui atteint par tous ses prédécesseurs, sauf Jacques Chirac, en 2002, dans des circonstances alors exceptionnelles. En dehors de ce cas, aucun président n'avait dépassé 56 %. En 2017, le barrage contre l'extrême droite a de nouveau tenu mais le flot est monté plus haut. Malgré son débat raté face à Emmanuel Macron, la candidate du Front national réalise un score record pour son parti (34 % au second tour).

Les élections législatives ont été ensuite un grand succès pour le mouvement LREM : il a remporté à lui seul la majorité des sièges à l'Assemblée nationale. Mais ici avait joué, classiquement, l'effet de tremplin de l'élection présidentielle. Peut-être aurait-il fallu relativiser la signification de cette performance. Ce ne fut pas le cas.

Du coup, nos nouveaux dirigeants ont sans doute été habités par une confiance excessive en eux-mêmes et en leur faculté d'agir. Le pouvoir s'est illusionné sur les marges d'action dont il disposait et sur l'adhésion des Français à sa politique. Ce qui l'a rendu imprudent.

En outre, la nouvelle équipe a tant fustigé ses prédécesseurs au pouvoir qui, « depuis trente ans, n'avaient rien fait » que cette condamnation sans nuances a ôté toute indulgence à ses opposants. Peut-être aurait-il fallu retenir aussi ce que la situation d'Emmanuel Macron a de spécifique.

Un président politiquement sans attaches

Si Emmanuel Macron a des liens étroits avec les hautes sphères économiques et financières, par ses choix professionnels anciens, par les soutiens personnels dont il a bénéficié dans sa campagne et par les amitiés qu'il cultive, il est en revanche politiquement sans attaches. De Gaulle avait de longue date des compagnons. Mitterrand s'était trouvé patiemment des camarades. Macron n'a que des fidèles récents ou des obligés.

François Mitterrand, par exemple, était une forte personnalité, attachée à son indépendance et assurée de son talent. Mais, avant de l'emporter, en 1981, il avait vécu longuement l'aventure de la gauche, partagé dix ans la vie du mouvement socialiste, débattu pied à pied avec ses jeunes dirigeants, rencontré partout ses militants. Au moins pendant son premier septennat, il a toujours su ce qu'il leur devait.

Emmanuel Macron a eu un tout autre parcours. Inconnu de tous peu d'années avant sa victoire, ayant forcé son destin seul, il ne devait rien à ceux qui l'ont suivi ou forment aujourd'hui son gouvernement. Le succès entraîne souvent une griserie. Et celle que procure la croyance d'avoir gagné seul est trompeuse. Cela s'est senti dans le comportement de notre président. La presse a rapporté sans être démentie combien il admonestait collectivement ses ministres réunis à l'Élysée. Quant à moi, je n'ai jamais connu une telle façon de faire de la part de présidents ou de Premiers ministres.

En outre, les Français ont découvert chez leur président une double expression. Celle, maîtrisée et solennelle, des discours publics ou des interventions télévisées. Celle, improvisée dans l'instant, brusque, comme arrachée à l'homme par un incident ou une confidence. Les réseaux sociaux se sont chargés de répandre ce second type de langage. Or à plusieurs reprises, des propos abrupts, excessifs ou inexacts ont choqué l'opinion. Il y a du Nicolas Sarkozy chez Emmanuel Macron. Tous deux sont talentueux, ils ont le même goût du pouvoir et l'un et l'autre oscillent entre le désir de séduire et le plaisir de dominer. Les deux se sont laissés aller à de surprenantes « petites phrases ».

Mais si le premier était un homme du sérail, très tôt entré dans l'action politique, titulaire de nombreux mandats électifs, plusieurs fois ministre, rompu aux exercices de parti, le second a fait de l'absence de ces titres le gage de son caractère novateur et le ressort de son succès. Toutefois, aussi audacieux qu'Emmanuel Macron se soit montré dans la conquête du sommet de l'État et aussi énergique qu'il s'affirme dans l'action, son inexpérience politique lui a fait commettre des erreurs dans l'exercice du pouvoir.

2

Des méthodes risquées

Le choix de la verticalité

Au sommet, il peut y avoir des accidents. On rangera parmi ceux-ci le traitement malheureux par l'Élysée d'une défaillance commise au plus haut de l'État : ce qu'on a appelé l'affaire Benalla. Je ne m'arrêterai pas à son feuilleton, né de l'intervention musclée d'un membre de la sécurité de la présidence, non habilité à agir, contre un manifestant. Ce qui aurait dû rester un incident déplorable est devenu une affaire d'État. Il a entraîné la création de deux commissions parlementaires d'enquête et le signalement à la justice de trois des principaux responsables du cabinet du président de la République. Il a occupé les médias pendant plusieurs mois et contribué à la chute de la popularité du chef de l'État. Et si les oppositions se sont naturellement emparées de l'affaire, un manque de maîtrise patent au sommet de l'État a nourri la controverse.

Que l'équipe de campagne d'Emmanuel Macron ait apprécié l'activité d'un homme plein d'entregent peut s'entendre. Mais les failles de personnalités comme celle d'Alexandre Benalla – propension à sortir de leur rôle et à s'affranchir des règles à respecter – se décèlent ordinairement assez vite. Que cette personne ait été engagée à l'Élysée et qu'on lui ait de surcroît offert un champ d'action disproportionné dénote une faible expérience des hommes et un oubli des principes de l'État.

La faute d'Alexandre Benalla ayant été commise, l'indulgence n'aurait pas dû être de mise. La sanction par ses supérieurs devait être immédiate et radicale. Cet agent devait quitter l'Élysée sans délai et les liens avec lui être rompus. Ce ne fut pas le cas. Emmanuel Macron refusait-il de reconnaître s'être trompé dans ses choix ? Ses conseillers n'osaient-ils pas lui proposer ce qui à l'évidence s'imposait ? On ne sait. En admettant tardivement, contraint et forcé, ce qui aurait dû lui sauter aux yeux, le président a sous-estimé les dommages qu'une affaire ainsi traitée allait entraîner pour l'État et pour lui-même.

Globalement, la verticalité a été érigée en méthode. Elle a dominé le rapport, toujours complexe, de l'État à la société. Le président a hautement revendiqué cet exercice vertical du pouvoir. Était-ce l'impatience de réformer, la crainte de trouver des freins dans les corps intermédiaires, le désir d'établir un rapport direct avec le peuple ? Emmanuel Macron, en tout cas, a rapidement heurté ou découragé les partenaires sociaux. Il a également suscité la fronde chez les élus des territoires.

On le sait, dans la tradition républicaine française, la loi est l'instrument majeur par lequel un gouvernement met en œuvre sa politique. Le Parlement débat de la loi et la vote souverainement. Tout n'est pas constamment négocié par le pouvoir exécutif ou ne fait pas l'objet de compromis. Discuter avec des interlocuteurs dont certains défendent des intérêts particuliers quand on se prévaut d'incarner l'intérêt général peut être frustrant et ralentir le rythme de l'action gouvernementale. Mais tout est affaire de conception et de proportion. Qu'est-ce qui, au bout du compte, sera le plus efficace : esquiver ses interlocuteurs ou les respecter ?

Dans le champ social, lorsqu'ils ont réformé le Code du travail, le président et son gouvernement ont négligé les objections avancées par les syndicats. Même les organisations les plus disposées à négocier s'en sont trouvées froissées. Sur le plan fiscal, avec l'allégement de la taxe d'habitation, le choix a été fait d'intervenir directement sur la fiscalité locale, sans tenir compte des réticences des responsables des collectivités. Ce faisant, nos gouvernants se sont aliéné des partenaires traditionnels de l'action nationale.

L'excessive verticalité est une option risquée. Un pouvoir qui néglige les strates et les complexités de la pyramide sociale et politique peut se trouver directement confronté à sa base, c'est-à-dire au peuple. C'était peut-être ce à quoi aspirait ce jeune et ardent président que certains chroniqueurs comparaient à Bonaparte. Anachroniquement et… imprudemment.

Le mouvement des Gilets jaunes

À propos du mouvement des Gilets jaunes, une précaution s'impose. On n'assurera pas que cette protestation vigoureuse et tenace, déclenchée fin 2018, a été la conséquence directe du mode vertical d'exercice du pouvoir par Emmanuel Macron. Cette explosion de colère a son origine dans des frustrations et des injustices déjà ressenties. Mais il se trouve que la coagulation de ces motifs de mécontentement s'est produite sous la nouvelle présidence. On est donc tenté de percevoir dans l'absolue horizontalité du mouvement (pas de représentants, pas de coordination, des revendications sans négociations) une forme de réplique, consciente ou non, à l'extrême verticalité affichée par le pouvoir : « Vous me négligez, je vous ignore. »

Au départ, le mouvement naît d'un rejet de la décision du gouvernement d'abaisser la limitation de vitesse à 80 kilomètres par heure sur une grande partie du réseau routier pour des raisons de sécurité. S'y ajoute une protestation contre la hausse du prix des carburants à la pompe, alors que le gouvernement vient d'augmenter, comme il l'avait prévu, la taxe carbone, avec pour objectif d'orienter les consommateurs vers la sobriété énergétique afin de lutter contre le réchauffement climatique.

Bientôt, dans toutes les régions de France, des hommes et des femmes nombreux arborant des gilets jaunes occupent des carrefours et interpellent les automobilistes de passage en sollicitant leur soutien. Puissamment relayé par les réseaux sociaux, le mouvement s'étend.

Le défaut de réactivité des autorités politiques face à ces rassemblements – symbolisé par le refus du président de s'entretenir avec quelques manifestants lors d'un déplacement en région au début du mois de novembre – a de quoi étonner. Le gouvernement ne bouge pas, comptant sans doute sur la lassitude progressive des manifestants.

En 2000, face à une contestation de la hausse des carburants, peut-être plus facile à canaliser car émanant de transporteurs routiers organisés, mon gouvernement avait rapidement mis en place le mécanisme qui rendait flottante la taxe intérieure de consommation sur les produits pétroliers (TIPP). Nous avons ainsi permis une baisse des prix à la pompe tout en adressant aux usagers ce message : si l'État ne peut pas éviter la hausse des cours mondiaux des carburants à un moment donné, au moins n'entend-il pas en profiter lui-même par le biais des taxes. Cette intervention avait eu un effet d'apaisement. En 2018, le gouvernement ne s'inspira pas de cette solution, qu'il décria au passage, et n'en inventa pas une autre. Il resta trop longtemps impassible. Et quand il annonça ses premières mesures, puis renonça à la hausse de la taxe carbone, il était trop tard. Le mouvement avait changé d'ampleur et de nature.

Sans faire ici la chronique du singulier mouvement des Gilets jaunes, essayons d'en comprendre le sens. Ce mouvement n'était pas énigmatique. Ses revendications comme ses slogans clamaient des difficultés à vivre, un sentiment d'abandon, une colère contre de trop évidentes disparités dans les conditions d'existence que peu d'observateurs se risquaient à trouver sans fondement. D'où l'aisance avec laquelle nombre de Français se sont, dans un premier temps, identifiés aux rassemblements.

Ce mouvement n'était pas non plus insolite, malgré le caractère disparate des thèmes qui le traversaient. Certains s'inscrivaient dans la tradition de la protestation sociale, centrés sur la modicité des bas salaires et des petites retraites, la dépendance à la hausse des carburants faute de moyens de transport alternatifs, ou sur la vulnérabilité des femmes célibataires avec enfant. D'autres, plus directement politiques, comportaient une critique des « élites » et même du système représentatif auquel des manifestants opposaient des exigences de démocratie directe. À cela s'ajoutaient – et ce n'était pas à prendre à la légère dans le régime institutionnel qui est le nôtre – des attaques, souvent virulentes, contre Emmanuel Macron, le chef de l'État.

Ce composé de sensibilités et de motifs n'était pas neuf. Dans le passé, des mouvements populaires spontanés ont souvent brassé des aspirations différentes. Sauf que les références au passé, utiles d'habitude pour inscrire l'instant présent dans le temps long, n'éclairaient pas vraiment cette protestation. Des journées révolutionnaires ? Il aurait fallu le désespoir et la violence armée, heureusement derrière nous. Un boulangisme ? Il lui manquait un général en chef. Un poujadisme actualisant le slogan « sortez les sortants » ? Il ne s'agissait pas d'une révolte du petit commerce.

En réalité, cette contestation a eu d'emblée des traits originaux qui l'ont rendue délicate à saisir et malaisée à satisfaire. D'une part, elle s'est montrée réfractaire à toute forme de représentation. Des figures ont surgi de ses rangs, comme dans toute mobilisation, sans jamais être admises comme des leaders, encore moins comme des délégués. L'esprit de méfiance qu'exprimait ce mouvement était si fort qu'il envahissait ses propres rangs.

D'autre part, les manifestants ont rejeté la négociation. Des revendications se sont exprimées, parfois précises et concrètes, parfois vastes et hors d'atteinte – ou même déplacées et vaines comme l'appel à la démission du président. Mais jamais le mouvement n'a envisagé d'en discuter. Les interlocuteurs possibles, et au premier rang les représentants de l'État (vers lequel pourtant se dirigeaient les exigences), ont été ignorés. Étrangers aux méthodes traditionnelles de discussion des syndicats ou des groupes d'intérêts économiques, composés d'individualités très diverses agrégées seulement par la protestation même, les Gilets jaunes demandaient au pouvoir politique de leur céder, sans préciser ce qui les satisferait. Ils ont laissé la main à l'exécutif – qui fit lui-même peu d'efforts pour aller à leur rencontre, s'employant plutôt à les disqualifier – qui, *in fine*, a décidé unilatéralement de ce qu'il octroierait ou non. Le mouvement a obtenu des concessions sans les reconnaître comme telles. Il a oscillé entre l'exigence de voir ses ultimatums acceptés – notamment dans ses revendications politiques et institutionnelles – et la crainte d'avoir à se résigner à l'impuissance.

Pour sortir de ce dilemme, le mouvement a fait de sa propre perpétuation une fin. Le but que les Gilets jaunes se fixaient leur paraissant peut-être indéfinissable et inatteignable, ils ont en somme réactualisé, en lui donnant un autre sens, l'ancienne formule du réformiste allemand Eduard Bernstein : « Le but final n'est rien, le mouvement est tout. » Sans doute les acteurs de la contestation ont-ils cédé à la chaleur de l'entre-soi, d'abord ressentie chaque jour sur les ronds-points, puis transférée chaque semaine dans les rendez-vous des manifestations de rue. Ce passage des ronds-points aux rues a été significatif. Occuper un rond-point, c'est en faire son territoire pour y prendre à témoin tous ceux qui y vivent et y passent. Manifester dans les villes et à Paris, c'est se diriger vers les lieux du pouvoir pour se confronter à lui.

Dans un paysage politique modifié, où les références à la gauche et à la droite s'étaient diluées, dans un espace social où les syndicats étaient tenus à l'écart et où le patronat veillait à se faire oublier, le mouvement s'est moins étendu qu'il ne s'est installé dans la durée. Il n'a été ni satisfait ni vaincu, il s'est éteint. Il est sans précédent, je crois, de voir en France une protestation persister tant de mois, comme on célèbre un rite, sans être victorieuse ou défaite, ni apaisée par un compromis.

Appréhender un mouvement si composite et opiniâtre était malaisé pour les analystes et les acteurs politiques. L'idéaliser, comme l'ont fait quelques-uns, c'était céder au mouvementisme, souffler sur un feu équivoque, tant l'histoire nous rappelle qu'une protestation qui ne parvient pas à définir sa propre fin va souvent, non sans danger, vers une frustrante extinction.

À l'inverse, stigmatiser le mouvement en le réduisant à ses excès, c'était prendre de haut nombre de ceux qui s'y étaient sincèrement engagés, leur colère et leur élan. C'était mettre sous le boisseau ce qui les avait poussés, pendant tant de semaines, à abandonner leur vie quotidienne pour se lancer dans l'action. Il n'est jamais bon de rabaisser ne fût-ce qu'une partie du peuple quand elle se mobilise pour réclamer plus de justice.

Trouver comment réagir n'était pas aisé pour l'État. Trop peu diligents au départ, les responsables politiques ont ensuite fait leurs choix. Ils ont contenu les manifestations. Après avoir hésité au début sur la stratégie de maintien de l'ordre, ils ont plus tard assumé sa dureté face aux manifestants dont certains étaient très violents et souvent extérieurs aux Gilets jaunes. Ils ont pris à témoin l'opinion en dénonçant les violences commises. Ils n'ont pas cherché à amener des représentants à la table des négociations. Ils n'ont pas encouragé les figures les plus marquantes du mouvement à aller au-delà d'une auto-organisation mobilisatrice et à se prêter à un dialogue. Peut-être pensaient-ils qu'une telle tentative était vaine. Ou bien avaient-ils conscience, compte tenu des revendications formulées, qu'entrer en négociation ouvrait le risque d'avoir à modifier la conception économique et sociale qui fondait leur politique.

Le président et le gouvernement ont donc déplacé le dialogue vers les élus locaux et les citoyens intéressés. Ils ont ainsi redécouvert l'influence et le rôle incontournable des maires. Ils ont démultiplié un « grand débat » en donnant à voir un président omniprésent et compétent. C'était devenu nécessaire, car Emmanuel Macron était lui-même une des sources du problème. Le chef de l'État devait briser l'image qui tendait à s'installer, en se montrant à l'écoute des Français et en s'ouvrant au dialogue. Le président s'empara d'un exercice entièrement conçu pour lui, avec la vitalité, la maîtrise des sujets et le talent rhétorique qu'on lui connaît. Cet engagement fut salué. Parallèlement, les consultations organisées firent écho à certaines des préoccupations exprimées par les Gilets jaunes.

Il reste qu'on a vu pour la première fois en France, dans un temps qui paraissait suspendu, se dérouler la longue et étonnante séquence d'un mouvement qui se poursuivait sans s'infléchir dans la rue, cependant que, ailleurs, d'autres interlocuteurs débattaient, sans lui, des raisons de son surgissement et des moyens de l'apaiser. Étrange forme de dialogue indirect et séparé, signe elle-même d'une curieuse époque. Le mouvement n'était pas encore achevé que l'exécutif tirait tout seul les conclusions du débat qu'il avait organisé et contrôlé, lequel semble laisser peu de traces.

Le gouvernement campe sur ses positions

Le gouvernement s'est placé sous une double contrainte : de forme, pour montrer qu'il pouvait écouter sans laisser l'impression de céder à la rue ; de fond, car il lui fallait lâcher du lest sans modifier sa politique. L'exercice s'est révélé ardu.

La préoccupation écologique a été placée au second plan. L'annonce de la création d'une Convention citoyenne pour le climat (avec 150 personnes tirées au sort) ne pouvait en effet tenir lieu de réponse. La modestie de cette réplique immédiate se concevait puisque la préoccupation environnementale était mineure dans le mouvement des Gilets jaunes. Mais sa prise en compte sera d'une importance majeure pour nos modes de vie dans le futur. J'en parlerai à la fin de ce livre.

La matière institutionnelle a été traitée avec précaution. Pour l'essentiel on a envisagé une injection de proportionnelle dans le mode de scrutin des élections législatives et un renforcement du référendum d'initiative partagée. Depuis ces annonces, rien n'a bougé puisque ces inflexions supposent un accord avec le Sénat acquis à l'opposition. Or l'humeur, de chaque côté, n'est pas à la conciliation.

Les réponses aux revendications sociales ont été conçues pour ne pas porter atteinte à la vision économique du président et de son gouvernement. Pensons aux annonces de baisses d'impôts pour les classes moyennes, à la promesse de suppression de certaines niches fiscales et à la réindexation sur l'inflation des retraites de moins de 2 000 euros. Quant à la demande, forte et symbolique, du retour à l'impôt sur la fortune (dans sa forme antérieure à 2017), formulée aussi bien par le mouvement des Gilets jaunes que dans le « grand débat », elle a été écartée. Céder sur ce point aurait satisfait le mouvement de protestation. Ne pas céder, c'était montrer à tous que la ligne politique décidée au début du quinquennat ne changerait pas : la « suppression » de l'ISF resterait un marqueur. Entre deux symboles, le chef de l'État a choisi le second.

Il reste que les grandes questions ranimées par le mouvement ne seront pas éludées sans dommages. Les conditions de vie très difficiles d'une partie significative de nos concitoyens, en particulier dans les zones périurbaines, la manière ostentatoire avec laquelle une fraction des personnes les plus fortunées cherche à se dérober au devoir commun, notamment fiscal (ce qu'on appelle parfois par euphémisme l'« optimisation fiscale »), le sentiment d'injustice et de colère que génère un écart excessif des revenus et des patrimoines entre Français jurent avec la devise de la République au centre de laquelle est gravé le mot « égalité ». Aujourd'hui, si le pouvoir n'a guère bougé sur le fond, il semble tenté de revoir la forme de son action.

Quand la verticale oscille

Depuis quelques mois, le pouvoir hésite sur la manière de faire. Sous nos yeux, parfois, la verticale s'incline. Quand un obstacle trop dur se présente, il arrive qu'il soit contourné et non enjambé. Reculer a cessé d'être un mot tabou. Repousser dans le temps l'application d'une réforme est une méthode dont on use, on le voit, dans une certaine mesure, pour celle des retraites. Et puis, on commence à penser beaucoup aux prochaines échéances électorales…

Face aux inquiétudes et aux frustrations de la société, cette inflexion dans la manière de faire est sans doute raisonnable. Sur certains sujets, passer en force est risqué. Toutefois, ce style nouveau se heurte sur des sujets essentiels, comme la réforme des retraites par exemple, à des retours soudains à l'ancienne manière autoritaire et pressée (symbolisée par l'utilisation incomprise de l'article 49.3), ce qui provoque de vives tensions dans le pays, fâche les partenaires sociaux et entraîne même des remous au sein de la majorité.

En cette seconde partie du quinquennat, que reste-t-il de l'élan promis ? Où est l'ardeur du conquérant ? Et si l'on devient prudent, pourquoi créer tant de conflits ? Le message du gouvernement s'est brouillé. Les Français se demandent qui sont et que veulent ceux qu'ils ont élus.

Pourtant, si la méthode change parfois, la politique suivie reste la même. L'approche de nos gouvernants, qu'elle soit intrépide ou précautionneuse, semble se résumer au désir de se fondre dans la réalité économique mondiale. On peut douter de la pertinence d'une telle option.

3

Des choix économiques contestables

Pour l'essentiel, le projet économique actuel est celui d'une adaptation de notre appareil productif et de la société aux normes du système économique international tel qu'il fonctionne. Or il fonctionne mal.

L'adaptation aux normes dominantes

Dans son livre *Révolution*, Emmanuel Macron écrivait : « Chaque jour notre pays s'affaiblit de ne pas être adapté à la marche du monde. » On ne peut naturellement pas ignorer les réalités internationales ni méconnaître les exigences de la compétitivité. À supposer qu'on en reste au seul terrain de l'adaptation, encore faut-il choisir comment mener la bataille : par le bas ou vers le haut ? par la réduction des coûts, notamment de main-d'œuvre, ou par l'élévation de la qualité de nos productions, l'innovation et l'invention de produits ou de services nouveaux ?

Force est de constater que le pouvoir actuel privilégie une approche fondée sur la flexibilité et la baisse du coût du travail.

Un tel choix risque pourtant d'être économiquement inefficace face aux pays à bas salaires si la réduction des coûts est insuffisante. Et il serait socialement explosif si celle-ci était poussée trop loin.

Surtout, la recherche et l'innovation occupent une place modeste dans le discours et les priorités budgétaires du gouvernement. Sans doute les entreprises les plus compétitives de notre pays, grandes ou petites, savent-elles consentir des efforts conséquents en faveur de la recherche. Mais l'organisation officielle du patronat français, le Medef, est plus portée, dans son discours public, à se plaindre de la lourdeur des charges et à demander la baisse du coût du travail qu'à insister sur l'importance de l'innovation. En passant, on notera d'ailleurs qu'on entend beaucoup moins aujourd'hui l'organisation officielle du patronat français dans le débat public. Comme si, la politique du gouvernement comblant ses vœux, elle jugeait préférable de se montrer discrète.

Pour en revenir à la recherche, il est vrai que l'écart entre l'effort public français de recherche et, par exemple, celui de l'Allemagne ne date pas d'aujourd'hui – il était inférieur de 20 % à mon époque, il l'est de 50 % désormais. Il faudra attendre la prochaine loi de programmation sur la recherche pour voir s'il existe une volonté de combler ce fossé. Pour le moment, le découragement règne dans le milieu des chercheurs qui, outre la détérioration de leurs conditions de travail, mesurent un autre écart, celui qui sépare les proclamations du gouvernement et ses actes. Or, au titre même d'une théorie de l'adaptation, il est regrettable que le président et le gouvernement n'accordent pas une priorité absolue à l'effort de recherche sur le plan national comme à l'échelle européenne afin que notre pays innove et que son appareil productif monte en gamme tout en garantissant sa souveraineté.

Autre regret : on cherche en vain une présentation explicite de sa politique économique par le gouvernement. Animés par une sorte d'idéologie de la réforme à tout prix, nos dirigeants se bornent souvent à réduire des avantages acquis, et focalisent l'attention des partenaires sociaux et des Français sur des changements isolés prétendus indispensables. Sans que ces projets soient reliés entre eux pour dessiner une ligne, un dessein économique.

Cette omission ne tient sans doute pas au hasard. Définir, puis exposer clairement une politique économique permet aux citoyens de savoir qui contribue à l'acte productif, qui se contente de placements fructueux mais stériles, comment se répartit la richesse produite entre les profits et les salaires, quelles sont les catégories sociales qui vont bénéficier ou pâtir des orientations arrêtées, comment l'économie française va progresser ou encore quelles sont les conséquences écologiques des choix économiques. Dire où l'on conduit le pays sur le plan économique et au profit de qui est un acte pédagogique mais aussi démocratique. Le citoyen est mis en position de juger l'action des dirigeants. Cette pratique démocratique manque.

Le défaut de clarté caractérise particulièrement le traitement de la question des retraites. Quand j'ai quitté le pouvoir en 2002, mon gouvernement n'avait pas encore formalisé son projet de réforme. Mais nous avions mis en place deux instruments précieux, qui existent toujours : le Conseil d'orientation des retraites (COR) et le Fonds de réserve pour les retraites (FRR). Le premier était conçu comme un outil d'étude technique mais aussi comme un lieu d'échange où devait être recherché un consensus entre l'État et les partenaires concernés. Il semble que cette seconde mission ait été depuis un peu oubliée. Le fonds de réserve, que nous avons immédiatement abondé, était fait pour faciliter la résolution des problèmes de financement à l'horizon 2020-2040. Ce fonds détient aujourd'hui 38 milliards d'euros, il aurait pu en compter bien davantage s'il avait été alimenté ultérieurement.

Ici je n'entrerai pas dans le détail technique du dossier des retraites. J'irai à l'essentiel. Le vieillissement de la population française entraîne deux exigences : le nombre des inactifs augmentant par rapport à celui des actifs, il convient de répondre à ce déséquilibre ; il faut aussi assurer des conditions de vie décentes à des retraités plus nombreux.

Le gouvernement répond à la première exigence en poussant les actifs à retarder leur départ à la retraite : c'est l'objet de l'âge pivot (ou âge d'équilibre). Mais son projet sacrifie la seconde exigence. L'étude d'impact de la loi est explicite : les dépenses de retraites devront baisser, et passer de 13,8 % du PIB à 12,9 % en 2050. Autrement dit, si l'on veut dépenser moins en proportion de la richesse nationale pour des retraités plus nombreux, il faudra faire baisser le niveau des pensions.

Cela s'inscrit dans le renversement de la philosophie du système. Aujourd'hui, notre régime de retraite repose sur des prestations définies. La retraite des salariés du privé versée par la Sécurité sociale ou la retraite des fonctionnaires payée par l'État représente un pourcentage donné d'un salaire de référence. Demain prévaudra, selon le projet du gouvernement, un système à cotisations définies, qui ne fixe plus à l'avance un niveau des pensions mais le déduit des cotisations versées. Or celles-ci seront affectées par l'âge pivot qui reculera d'un an tous les douze ans. En effet, si cet âge n'est pas atteint par le cotisant, des décotes feront baisser la valeur réelle du point. Ce qu'on appelle le taux de remplacement, c'est-à-dire le niveau de la retraite par rapport au dernier salaire, baissera fortement pour nombre de retraités. C'est pourquoi le gouvernement pousse ceux qui le peuvent, les cadres essentiellement, à rechercher un complément dans l'épargne privée pour maintenir leurs revenus une fois à la retraite. Ici est promu le modèle de capitalisation chéri par les institutions économiques et financières internationales.

La prise de conscience d'un changement radical du modèle social français de retraite et la crainte de ses répercussions pour les salariés et les retraités expliquent l'ampleur du mouvement syndical de protestation et la réserve d'une majorité de l'opinion à l'égard du projet gouvernemental. Mesurant l'intensité de la résistance, le gouvernement et le président sont restés imprécis sur les conséquences réelles de leur réforme, à l'avenir, pour un grand nombre de Français. Le Conseil d'État, en donnant son avis sur le sujet, a d'ailleurs relevé ces incertitudes. Face à la force du mouvement social, nos dirigeants n'ont pas cessé d'osciller entre la tentation du passage en force et une tentative de négociation avec certains partenaires sociaux *a priori* plus ouverts. Ceux-ci n'en ont pas moins maintenu des exigences peu compatibles avec le nouveau modèle. Sur ce sujet grave, la majorité actuelle, déjà traversée de tiraillements, est nettement minoritaire dans le pays, même si elle est dominante à l'Assemblée. Elle sous-estime le fait que, pour l'immense majorité des retraités, la retraite (accompagnée de prestations sociales) est le seul revenu. L'affaire n'est pas close.

Aujourd'hui, s'en tenir à une théorie de l'adaptation risque de nous conduire à épouser les désordres de la réalité internationale. Nul ne peut nier l'ampleur des déséquilibres : domination de la sphère financière sur l'économie réelle (avec les risques d'une nouvelle crise majeure), flambée des inégalités de revenus et de patrimoines à l'échelle mondiale, tentations de guerre commerciale nourries par la remontée des nationalismes, comportements irresponsables de certains acteurs économiques privilégiant le profit à court terme au détriment de la santé (dérives d'une industrie alimentaire engendrant une obésité de masse ou d'une industrie pharmaceutique responsable de graves dépendances aux opiacés et de dizaines de milliers de morts par an aux États-Unis), déséquilibres climatiques, enfin, et atteintes à la diversité des espèces. Tout justifierait que la France ne se plie pas aux tendances lourdes de l'économie mondiale mais s'emploie à les infléchir. Et pour y parvenir, il faudrait que l'approche économique du pouvoir ne se fonde pas sur des constructions hasardeuses.

Le mythe des « premiers de cordée »

Le 15 octobre 2017, le président Macron déclarait : « Pour que notre société aille mieux, il faut des gens qui réussissent. [...] Je ne crois pas au ruissellement pour ma part, mais je crois à la cordée. [...] Si on commence à jeter des cailloux sur les premiers de cordée, c'est toute la cordée qui dégringole. »

Si même les économistes libéraux contestent l'existence d'une théorie du « ruissellement de la richesse », ils ont laissé prospérer l'idée qu'en laissant les riches s'enrichir on favoriserait l'enrichissement général. Il suffirait de privilégier les profits par rapport aux salaires ou de réduire les prélèvements fiscaux sur les très hauts revenus. Par le biais de la consommation (allant vers les vendeurs de biens de luxe) ou de l'épargne (pour financer l'investissement), les revenus excédentaires des plus riches serviraient l'économie globale et, indirectement, profiteraient à tous.

La validité de ce raisonnement a très tôt fait l'objet d'une controverse, aux États-Unis, entre ses partisans, les républicains, et ses adversaires, les démocrates, lors de la présidence Hoover, avant la crise de 1929. Cinquante ans plus tard, sous Ronald Reagan, cette vision a inspiré directement la politique économique du gouvernement fédéral : les impôts des plus riches ont été alors massivement réduits. À défaut d'être une véritable théorie, l'idée du ruissellement du haut vers le bas, des riches vers les pauvres, a fourni un argument aux gouvernements républicains. Elle est aujourd'hui spectaculairement remise à l'honneur par le président Donald Trump.

Cette politique n'a pourtant pas manqué d'être critiquée, par la gauche mais aussi par des organisations internationales telles que le FMI ou l'OCDE. En effet, rien n'assure que le surplus d'épargne des plus riches, résultant de la baisse de leurs impôts, se transformera en investissement. Sans demande suffisante, si les revenus des couches moyennes et populaires sont stagnants en raison d'une répartition inégale des richesses produites, cette épargne se tournera plutôt vers l'immobilier, les titres financiers et la spéculation. Et c'est bien ce que révèle la formation de bulles financières génératrices de crises depuis deux décennies.

Revenons à la déclaration présidentielle d'octobre 2017. Emmanuel Macron était trop informé des questions économiques pour penser que cette allégorie de la « cordée » pouvait réellement s'appliquer au domaine des revenus et des impôts. En montagne, des liens et une solidarité existentielle naissent entre le véritable premier de cordée et son groupe de grimpeurs, qu'on ne saurait retrouver dans les rapports sociaux abstraits qui relient, ou séparent, les plus fortunés et les classes moyennes ou populaires. Pour rester sur le terrain de l'image présidentielle, nous savons que les guides gagnent souvent moins que ceux qu'ils conduisent, ce qui n'est pas exactement le cas des « premiers de cordée » du système économique et financier. Sans parler de ceux qui, lorsque la cordée dévisse – en gros, quand leur entreprise va mal –, se contentent d'ouvrir leur « parachute doré ». En résumé, l'allégorie des « premiers de cordée » ne dit pas autre chose que l'idée du « ruissellement ».

D'ailleurs, les premières décisions fiscales du gouvernement d'Édouard Philippe ont acté la suppression de l'impôt sur la fortune immobilière. Elles ont ramené à un prélèvement forfaitaire unique de 30 % la fiscalité sur les revenus du capital, alors que ceux-ci étaient depuis 2012 taxés comme les revenus du travail. Alléger les impôts des plus riches dans l'espoir qu'ils investissent davantage pour servir l'économie au profit de tous, c'est exactement ce que fait miroiter la promesse du ruissellement.

D'ailleurs, ce « ruissellement » a jusqu'ici entraîné en France ce que le ruissellement produit ailleurs : selon une étude récente de l'Observatoire français des conjonctures économiques

(OFCE), les plus riches ont largement profité des mesures prises depuis 2017, cependant que les pauvres n'ont rien gagné, voire ont perdu en pouvoir d'achat.

Pour que notre pays retrouve dans les années qui viennent l'harmonie perdue, il faudrait tirer les enseignements du passé.

4

Leçons oubliées

Les enseignements du passé

Après la Seconde Guerre mondiale, alors qu'un élan démographique saisissait la France, les idéaux de justice, d'organisation collective et d'émancipation individuelle portés par le Conseil national de la Résistance et partagés par les forces de gauche et le premier gaullisme ont conduit à de réels progrès sociaux : création de la Sécurité sociale, mise en place d'un droit du travail protecteur et extension des congés payés. L'intervention de l'État dans l'économie trouvait sa justification théorique dans les idées keynésiennes alors dominantes. La croissance forte générée par la production et la consommation de masse entraînait le plein-emploi et changeait profondément le visage de notre pays. La France a certes connu des soubresauts politiques. L'incapacité de ses dirigeants à conduire pacifiquement le processus d'émancipation de notre empire colonial – en Indochine, puis en Algérie – a même provoqué une crise institutionnelle et un changement de république. Mais cela n'a pas suffi à altérer le sentiment de confiance dans l'avenir qui régnait alors.

La social-démocratie a contribué à cette évolution positive, en France comme en Europe occidentale. Dans la plupart des pays, les partis communistes étaient historiquement faibles ; dans d'autres (en Italie, en France), ils étaient puissants mais bloqués par la crainte du redoutable modèle soviétique. L'espace politique à gauche s'était ouvert aux formations sociales-démocrates qui, ayant écarté la perspective d'une révolution, n'avaient pas renoncé à transformer la société. Les social-démocraties reconnaissaient la supériorité de l'économie de marché sur l'économie administrée. Attachés aux droits collectifs comme aux libertés individuelles, les partis sociaux-démocrates inscrivaient leur action dans le cadre du capitalisme tout en corrigeant ses mécanismes. En s'appuyant sur le rapport de force établi par des syndicats puissants dans l'Europe du Nord ou bien, là où ceux-ci étaient plus faibles comme en France, en utilisant l'autorité de l'État et la loi, ils ont imposé longtemps au patronat des concessions et des compromis permettant au monde du travail d'obtenir des avancées réelles : augmentation des salaires et amélioration du niveau de vie. Ainsi s'est trouvé politiquement validé le projet social-démocrate.

Ce système d'équilibre relatif entre les groupes sociaux favorisait, malgré les antagonismes, un sentiment d'appartenance à un projet national commun. Il s'est progressivement déréglé à partir des années 1980.

Le dérèglement des échanges

Plusieurs facteurs se sont conjugués pour que le capitalisme s'affranchisse d'une partie des contraintes et des règles que les luttes sociales ou des victoires politiques lui avaient imposées.

Le capitalisme s'est internationalisé davantage. L'extension du libre-échange a démantelé, d'abord en Occident, négociation après négociation, les régimes protectionnistes traditionnellement mis en place par les États. Même la constitution d'ensembles économiques régionaux, tel le Marché commun devenu l'Union européenne, n'a pas contrarié ce mouvement. Il s'est ensuite étendu au Sud et à l'Est du monde.

Une fois digérés les processus, parfois chaotiques, conduisant à leur indépendance politique, les pays colonisés, surtout lorsqu'ils disposaient de matières premières exportables, ont intégré le marché mondial, souvent dans une situation de dépendance et d'infériorité. Mais dans le même temps, disposant chez eux de l'arme commerciale d'un très faible coût du travail, ils ont contribué à la délocalisation d'activités industrielles à faible valeur ajoutée depuis les pays anciennement développés vers des territoires où le Code du travail était inexistant ou peu protecteur pour les salariés. Ils ont ainsi offert des opportunités que les investisseurs et les entrepreneurs des pays avancés ont rapidement saisies, pour les nécessités de la compétition ou simplement pour accroître leurs profits. Avec un double effet : dans les pays émergents, l'amorce d'un développement, au prix d'une exploitation du travail souvent féroce ; dans les pays développés, une entrée en crise d'industries traditionnelles (sidérurgie et textile en particulier) jusque-là grandes pourvoyeuses de main-d'œuvre. Accompagnant la baisse des taux de croissance dans les économies matures, cette internationalisation du processus productif, également facilitée par la révolution des transports et des communications, a contribué à la montée du chômage, en France comme en Europe. Nos sociétés ont connu des ébranlements nouveaux et profonds.

Dans les années 1990, la dissolution de l'Union soviétique et la dislocation du bloc communiste ont permis un déploiement des forces du capitalisme. En Russie, dans les anciennes républiques soviétiques et dans certains pays de l'Est, sous des formes très spécifiques, parfois proches du brigandage, le démantèlement de la propriété collective et l'accaparement de ses fragments par les oligarques ont ouvert de nouveaux espaces au profit et à la rente privés, dans un rapport complexe d'autonomie gagnée, de complicité assumée et de soumission acceptée par les grands acteurs économiques à l'égard de pouvoirs politiques autoritaires.

Dix ans plus tard, l'énorme Chine est sortie à son tour de son isolement économique. Sous des formes particulières là encore : sous l'autorité impérieuse d'un groupe de dirigeants cooptés exerçant un pouvoir absolu au nom d'un État-parti gigantesque nominalement communiste. L'ancien pays spartiate de Mao s'est lancé dans un processus accéléré de développement en utilisant le ressort puissant des mécanismes capitalistes et en permettant à certains de découvrir l'ivresse de la richesse.

Le groupe dirigeant chinois a conduit cette évolution de façon singulière. À l'intérieur, il s'assure que rien ne puisse ébranler son pouvoir politique. Et si, pour les besoins de la course productive, il a lâché la bride à ses entrepreneurs, il veille à ce que même les plus puissants d'entre eux restent dépendants de lui et dociles. À l'extérieur, la Chine s'est engagée dans l'internationalisation des échanges. Elle exporte à tout-va (elle est le premier exportateur mondial) et, pour répondre aux demandes de son immense population, elle importe désormais de plus en plus (elle est devenue le second importateur mondial). La Chine semble avoir ressuscité à son avantage l'échange inégal. Elle s'est ouvert de vastes pans de marchés dans les pays développés – avec leur complaisance – et l'accès aux ressources des pays détenteurs de matières premières et de produits alimentaires. En revanche, elle sait utiliser les rouages et la vigilance de sa bureaucratie pour protéger son propre marché. Elle a ainsi accumulé d'immenses réserves monétaires et financières dont elle se sert.

En 2001, l'adhésion de la Chine à l'Organisation mondiale du commerce (OMC) fut saluée comme un succès du libre-échange et comme un pas des Chinois vers l'adoption des normes économiques et juridiques du monde occidental. Dix-neuf ans plus tard, beaucoup de voix contestent la pertinence d'une telle décision et en tout cas regrettent que l'OMC, les États qui en sont membres et les grands acteurs économiques n'aient pas exigé de la Chine qu'elle respecte effectivement les règles communes. Aussi voit-on les États-Unis s'engager maintenant dans une guerre commerciale avec l'empire du Milieu, cependant que l'Europe cherche comment dépasser ses divisions face à lui. À cette distorsion des échanges de biens et de services s'est ajoutée la libération désordonnée des mouvements de capitaux.

La dérégulation financière

Après la Seconde Guerre mondiale, les gouvernements des principales puissances économiques, encore marqués par le souvenir du déclenchement et de la propagation de la grande crise économique et financière de 1929, ont mis en place un système de contrôle des mouvements de capitaux, sur le plan national comme sur le plan international, dans le cadre des nouvelles institutions financières multilatérales créées par les accords de Bretton Woods en 1944. Les États, approuvés par la majorité des économistes, souhaitaient retrouver la convertibilité des monnaies afin de favoriser la liberté des échanges. La crise des années 1930 avait en effet montré le danger de la constitution de blocs commerciaux protectionnistes et antagonistes pour l'économie mondiale. Après 1945, on pensait aussi qu'un contrôle des mouvements de capitaux par les gouvernements et les institutions internationales nouvellement créées (FMI, Banque des règlements internationaux, groupe de la Banque mondiale) était indispensable pour éviter le retour des dérèglements monétaires et financiers du passé.

Dans les années 1980, plusieurs facteurs vont converger pour remettre en cause ce qui semblait acquis. Les milieux financiers et particulièrement Wall Street vont exercer une forte pression sur les gouvernements pour qu'ils relâchent ou même suppriment leurs réglementations. Une véritable « industrie financière » se mettait en place et elle voulait prospérer sans entraves.

Les gouvernements vont céder à cette pression. Dans le cadre strict du système de Bretton Woods, aucune crise financière sérieuse n'était survenue, ce qui a fait négliger les leçons du passé. Les États-Unis du président Reagan et le Royaume-Uni sous Margaret Thatcher, fers de lance de la révolution conservatrice et néolibérale qui s'amorce, vont, à la fin des années 1970, supprimer les premiers leurs contrôles. Ils seront bientôt suivis par les autres économies de marché, puis inévitablement par un certain nombre d'économies émergentes. Après une courte résistance à cette évolution qui paraissait irrésistible, le gouvernement de gauche arrivé au pouvoir en France après l'élection de François Mitterrand en 1981 ne crut pas pouvoir se distinguer de ses partenaires européens et s'engagea, à son tour, en 1984, dans la dérégulation bancaire et financière.

Parallèlement, une bataille idéologique avait été perdue. La pensée économique dominante avait changé. Longtemps isolés, des théoriciens libéraux comme l'Autrichien Friedrich Hayek ou l'Américain Milton Friedman, étoile de l'école ultralibérale de Chicago, devenaient à la mode. Les idées keynésiennes justifiant l'intervention de l'État dans l'économie et la redistribution des revenus, dénoncées comme anachroniques, étaient en recul dans les universités, les administrations et chez les conseillers des gouvernements.

La dérégulation acceptée entraîna progressivement une hypertrophie de la sphère financière, un foisonnement des mouvements spéculatifs et bientôt le retour des crises financières.

Le retour des crises

La première alerte financière importante fut la crise asiatique de 1997 qui affecta durement la Corée du Sud, l'Indonésie, la Malaisie et la Thaïlande. Le FMI, appelé à l'aide, mesura d'ailleurs à cette occasion à quel point l'opacité des transactions financières de ces pays lui avait été masquée. On constata aussi que l'Inde et la Chine, qui avaient gardé un contrôle des changes, surmontaient cette crise mieux que d'autres. Mon gouvernement, par la voix de son ministre de l'Économie et des Finances, Dominique Strauss-Kahn, fit alors des propositions de réforme monétaire et de régulation financière.

Dix ans plus tard, une crise financière d'une tout autre ampleur par son intensité et sa globalité va frapper le monde. Elle se déclenche aux États-Unis en 2007 dans le secteur des *subprimes* – des prêts hypothécaires à risques proposés à des particuliers peu solvables poussés à s'endetter pour acheter un logement. La crise financière se diffuse en 2008 dans le système financier américain avant de se propager dans le monde entier à travers un système bancaire interconnecté. Elle affecte ensuite lc système boursier.

Les banques centrales et les gouvernements interviennent aussitôt dans l'urgence. Et si quelques grands établissements, tel Lehman Brothers, sont abandonnés à la liquidation, beaucoup sont renfloués, rachetés par d'autres, voire temporairement nationalisés. Aux États-Unis et en Europe, des milliers de milliards de dollars ou d'euros sont consacrés à ce sauvetage indispensable.

La crise financière s'étant transmise au secteur productif, elle provoque une récession économique et les gouvernements adoptent pour y faire face des plans de relance, avec un succès relatif. Plus tard, les dettes publiques explosant, ils recourront à l'austérité, laquelle entraînera la montée du chômage et des inégalités.

Aujourd'hui, malgré les mesures de précaution prises par les États et les institutions financières, particulièrement au niveau européen, le risque d'une autre crise, lourde de nouveaux désordres économiques et sociaux, ne saurait être considéré comme conjuré. Certes des pas en avant ont été faits par les États, les banques centrales, les institutions internationales spécialisées et les organismes de régulation bancaire pour assainir le système financier international. Dans la continuité des accords dits Bâle III, signés en 2010, les régulateurs ont imposé aux banques de détenir un montant plus élevé de fonds propres afin qu'elles puissent garantir leur solvabilité à leurs clients. Les banques centrales se sont également efforcées, par des politiques de rachat, d'éliminer le maximum d'actifs toxiques. Pourtant, il serait imprudent d'en conclure que les risques ont disparu.

En effet, les produits dérivés, ces titres composés de tranches plus ou moins risquées, négociés dans des circuits opaques où fleurit la spéculation, qui furent au cœur de la crise financière de 2008, n'ont pas été mis sous contrôle et ils prospèrent à nouveau aujourd'hui. Quant à la bulle financière, prise globalement, elle est plus gigantesque que jamais, avec le risque qu'elle génère. Pour résumer : la dérégulation, réclamée par les acteurs financiers et acceptée par la plupart des gouvernements à partir des années 1980, a provoqué vingt ans plus tard, en raison de très graves dérives à leur tour tolérées, la plus grave crise économique et financière mondiale depuis celle des années 1930. En renflouant le système financier pour éviter le pire, les gouvernements ont transformé des dettes privées en dettes publiques. Depuis lors, malgré les mesures décidées, nombre d'acteurs financiers ont repris leurs jeux délétères. Quant aux paradis fiscaux, cette dangereuse absurdité, car ils ne servent en rien l'économie et privent les États et les populations de ressources, ils sont toujours là. Les mêmes causes risquent donc de produire les mêmes effets.

Pourtant, dans les prises de position et surtout dans l'action du président de la République concernant l'évolution de l'économie mondiale, on voit peu d'attention portée à l'exigence de régulation. Quant à la question pourtant cruciale des inégalités, sur le plan national comme dans sa dimension internationale, elle est négligée.

Un événement révélateur à cet égard s'est produit lors du sommet du G7 tenu à Biarritz en août 2019 sous la présidence de la France. Pour marquer, j'imagine, l'importance que notre pays accordait à la lutte contre les inégalités (sociales, sécuritaires ou environnementales), le président de la République avait souhaité et obtenu que ce fût le thème central du sommet. Or Emmanuel Macron a préféré déployer un activisme médiatique autour de sujets du jour (rencontre préalable avec Vladimir Poutine, invitation du ministre des Affaires étrangères iranien pour s'afficher en intercesseur entre les États-Unis et l'Iran, interpellation du président brésilien sur l'Amazonie) – sans résultats particuliers. Le président français a lui-même marginalisé la question des inégalités dont il avait proposé l'examen. La communication de l'instant l'a emporté.

En va-t-il différemment pour la politique européenne ? On a pu l'espérer. Le 26 septembre 2017, le président de la République a prononcé à la Sorbonne un grand discours sur l'Europe appelant l'Union à avancer autour des idées de souveraineté, d'unité et de démocratie. Deux ans et demi plus tard, évaluer les résultats obtenus est délicat. Dans l'espace national, il est relativement aisé de distinguer les mérites et les défaillances des dirigeants dans la conduite d'une politique. En Europe, le cadre change : nos élus ne sont pas seuls à décider, d'autres souverainetés nationales s'affirment, le consensus prévaut et la recherche du compromis est la règle. Quand l'unanimité n'est pas requise et que des votes à la majorité sont possibles, il faut trouver des alliés pour l'emporter. Cela implique de savoir convaincre. L'argumentation doit seconder la volonté.

D'autre part, l'Europe ne traverse pas une période faste. Le Royaume-Uni, qui avait à toute force cherché à rejoindre le Marché commun en 1973, il y a quarante-sept ans quand il était en plein élan, quitte maintenant l'Union européenne au moment où celle-ci s'essouffle. Gérer le départ d'un membre majeur de l'Union européenne sera une tâche difficile, même si les vingt-sept membres restants s'y consacrent jusqu'ici dans l'unité. En outre, alors que l'Europe s'inquiète des errances du leadership américain et de la montée de la puissance chinoise, des défis globaux tels que le terrorisme, le réchauffement climatique, les mouvements migratoires, les colères sociales et la poussée des extrémismes semblent parfois la laisser interdite.

Enfin, la période qui nous intéresse a été coupée, en 2019, par les élections européennes, polarisées en France sur l'affrontement entre le parti du pouvoir et celui de l'extrême droite, ce qui n'a guère permis d'éclairer les enjeux européens. Après la formation de la nouvelle Commission européenne et la désignation de sa présidente, nous attendons de découvrir les orientations que proposera Ursula von der Leyen et aussi la détermination dont elle fera preuve dans une période cruciale pour notre continent.

Récemment, le président français a incité à juste titre l'Europe à sauvegarder ses intérêts sur plusieurs plans : défense, éradication des foyers terroristes en Afrique, industrie, nouvelles technologies, immigration. Il faut espérer que ces préoccupations, auxquelles l'Allemagne semble se montrer sensible, éveilleront un écho chez nos autres partenaires. Quant au Royaume-Uni, après le Brexit, il devra rester un partenaire privilégié en matière de défense ainsi que nous l'avions voulu, en accord avec le président Chirac, au sommet de Saint-Malo en 1998. Mais restent les défis économiques et sociaux.

À cet égard, l'échec rencontré par Emmanuel Macron sur le projet de réforme de la zone euro dont il avait fait une priorité pendant sa campagne n'est pas encourageant. Certes, la création d'un instrument budgétaire pour la convergence et la compétitivité (IBCC) a été décidée. Mais l'idée française était que la zone euro soit dotée d'un budget propre de plusieurs centaines de milliards d'euros, alimenté par des contributions des États mais aussi par des taxes (sur les transactions financières ou le numérique), voire par des emprunts. Ce budget devait permettre d'investir dans des projets d'avenir et de favoriser la transition écologique ou encore de réagir aux aléas de la conjoncture.

Cette approche dynamique s'est heurtée à la frilosité de l'Allemagne dont l'orthodoxie budgétaire a été partagée par plusieurs autres États membres (les Pays-Bas et certains pays nordiques en particulier). La France a accepté un compromis bien éloigné de ses ambitions initiales. Le nouvel instrument favorisera des « réformes structurelles » destinées à accroître la « compétitivité » des États. Les fonds se compteront non pas en centaines mais en dizaines de milliards d'euros sur sept ans ; ils seront débloqués au cas par cas par la Commission européenne, et non par une autorité de la zone euro elle-même, sur la base de projets présentés par les États. Nous demeurons dans la logique ancienne. Si l'idée initiale était « française », son contenu, à l'arrivée, reste « allemand ».

En Europe, l'élection du président français il y a près de trois ans a été accueillie avec faveur. Depuis lors, ses pairs européens ont sans doute constaté son brio. Mais le plaidoyer de la France en faveur d'un plus grand dynamisme de l'Europe n'est pas encore partagé. D'où le sentiment, à ce stade, d'un décalage entre l'ambition des proclamations initiales et les résultats obtenus.

Trois ans après l'élection présidentielle de 2017, les Français peinent à donner un sens à cet événement et ils s'interrogent sur le bien-fondé de la direction prise. Comme d'autres peuples, ils sont soucieux des réponses apportées à leurs attentes présentes. Mais ils ont aussi toujours eu besoin de se rassembler autour d'idées. S'ils sont attachés à la république, certains ont adhéré hier au communisme, d'autres se sont reconnus dans le gaullisme. Plus tard, ils ont été nombreux à s'orienter vers le socialisme démocratique et beaucoup s'emparent aujourd'hui de l'exigence écologique. On peut alors se demander : quelles sont les idées d'Emmanuel Macron ? Il se réclame souvent du pragmatisme. Mais le pragmatisme valorise l'efficacité des actions alors qu'il s'agit ici de définir leur finalité. S'il fallait décrire l'idéologie macronienne, je dirais qu'elle tient en deux mots : le néolibéralisme et le progressisme, le premier masqué et le second affiché.

L'anachronisme du néolibéralisme

Dans sa dimension économique, désormais prépondérante, le libéralisme postule que la liberté la plus grande de la production, du travail et des échanges favorisera le déploiement des énergies et la floraison des initiatives et permettra de satisfaire au mieux les besoins de tous.

Plus qu'une doctrine économique au sens strict, le néolibéralisme est un ensemble de positions parmi lesquelles figurent la critique de l'État providence (constitué au lendemain de la guerre), la réticence à voir l'État et les autorités publiques intervenir dans l'économie, associées à la confiance dans le libre jeu des marchés, censés se régler eux-mêmes. L'État n'est pas absent de la pensée néolibérale mais son rôle change. Il n'est plus un arbitre supposé impartial du jeu économique, veillant à préserver un équilibre entre les groupes sociaux, et particulièrement entre les détenteurs de capitaux dépositaires de la puissance économique et financière, et les salariés. Placés en position de dépendance, ceux-ci représentent une force potentielle considérable puisqu'ils forment, dans les économies matures, plus de 80 % de la population active. Pour les néolibéraux, l'État doit favoriser le libre jeu des forces économiques et aussi se réformer lui-même en s'inspirant des méthodes de gestion du privé. Il lui faut réaliser des réformes (les fameuses « réformes de structure ») et instaurer des législations permettant aux marchés (de biens, de services ou de capitaux) de se déployer librement.

La quasi-totalité des mesures prises ou annoncées depuis 2017 illustre cette conception de l'économie et de la société. L'atténuation de la progressivité de l'impôt, la réduction du nombre des contrats aidés, la dérégulation du marché de l'emploi, la non-compensation à l'euro près par l'État des pertes de recettes de la Sécurité sociale, le durcissement des règles de l'assurance-chômage, enfin la baisse des pensions qui résultera à l'avenir de l'actuelle réforme des retraites, tout va dans le sens d'une remise en cause d'éléments fondateurs du modèle social français.

Il n'est pas surprenant que l'actuel président s'inspire du néolibéralisme. Après tout, avant de briguer la magistrature suprême, son expérience professionnelle se limitait à l'inspection des Finances (pendant quatre ans), puis à un poste élevé dans une grande banque d'affaires (quatre autres années), deux milieux étroits déjà gagnés, chacun à sa façon, à l'idéologie économique libérale. Ce qui peut étonner, c'est que, une fois en fonction et face aux résistances d'une partie importante de la société française, il n'ait pas infléchi sa vision et qu'il ait continué de la défendre avec autant d'assurance. Il y a pourtant de sérieuses objections à faire valoir à l'encontre de cette conception.

Rallier le néolibéralisme, c'est commettre un anachronisme. Renouer, quarante ans après, avec l'approche qui fut celle des équipes de Ronald Reagan et de Margaret Thatcher à l'aube des années 1980, c'est en effet méconnaître le fait que la « marche du monde » néolibérale, avec les dérégulations et la financiarisation de l'économie, a entraîné crises et désordres en même temps qu'elle creusait profondément les inégalités. La grave crise financière et économique de 2008, dont rien n'exclut qu'elle puisse se reproduire tant la vie financière semble avoir repris son cours avec les mêmes excès et les mêmes dérives, devrait pourtant nous avoir alertés. Les dirigeants français ont de longue date prôné une réforme monétaire et financière, avant que le système de Bretton Woods fondé sur des parités fixes se défasse en 1971. Ceux d'aujourd'hui devraient comprendre que nous sommes parvenus à la fin d'un cycle et avancer des propositions de régulation plutôt que de prôner l'adaptation à cet ordre désordonné. Sans parler des « paradis fiscaux » dont la disparition s'impose.

Cultiver le néolibéralisme, c'est oublier l'histoire de notre pays. Si les Français sont attachés aux libertés, ils ne sont pas des adeptes inconditionnels du libéralisme économique, à la différence des Anglais ou des Américains du Nord. Ils sont en tout cas réfractaires à l'ultralibéralisme. Le pouvoir en fait sous nos yeux l'expérience avec les mouvements de résistance qu'il provoque. On voit au reste des économistes ou des responsables politiques, initialement intéressés par des réformes présentées comme équilibrées, sous le signe du « en même temps », prendre maintenant leurs distances à l'égard de la politique effectivement suivie par le président et le gouvernement. Ils mesurent combien le néolibéralisme peine à être social. Oublierait-on que l'article premier de la Constitution de notre pays déclare que « la France est une République indivisible, laïque, démocratique et sociale » ? Négliger cette dimension *sociale* représente un abandon du pacte républicain et de notre culture politique et historique. C'est pourquoi rallier les Français au néolibéralisme constituerait une révolution culturelle que nos gouvernants auront le plus grand mal à réaliser.

Enfin, le néolibéralisme est incapable de répondre à la menace climatique qui pèse sur le monde. Pour la transition écologique, les entreprises et les consommateurs devront contribuer à la réorientation du système productif et les marchés, convenablement orientés, auront à jouer un rôle, notamment pour évaluer les prix des différentes sources d'énergie ou du carbone. Mais la logique néolibérale devra être renversée. À moins de se résigner à l'inacceptable, l'intervention des États, des autorités locales, des organisations internationales, des associations spécialisées, des regroupements de citoyens, en lien avec les diagnostics et les préconisations des scientifiques, sera indispensable pour réorienter l'économie. Les autorités politiques légitimes auront à répondre aux besoins des populations et à définir avec elles où se situe l'intérêt à long terme de notre communauté nationale et, plus largement, de l'humanité. Les mécanismes de marché resteront utiles, mais les dogmes du néolibéralisme sont incompatibles avec les exigences de notre époque qui requièrent une approche fondée sur des équilibres nouveaux.

Aussi est-il peu probable que les Français se rallient à cette doctrine dont ils découvrent après coup où elle les conduit. Adhérer au progressisme pourrait sembler aller de soi. À condition de s'entendre sur le sens du terme.

L'ambiguïté du progressisme

Le progressisme est un mot fait pour plaire. Qui refuserait de bénéficier du progrès ? Toutefois la notion est ambiguë et même, dans certains domaines, sans pertinence. Que signifierait, par exemple, la notion de progrès dans l'art ? Rien. Historiquement, en France, le progressisme renvoie aussi bien au nom que se donnaient les républicains modérés sous la IIIe République qu'à l'Union progressiste de Pierre Cot sous la IVe, lequel était un compagnon de route du parti communiste. Entre eux, l'écart était grand.

Politiquement, la référence n'est pas plus claire. À écouter le président de la République et les dirigeants de LREM, l'opposé du progressisme serait le nationalisme. Étranges contraires qui n'épousent aucune opposition logique! L'antipode du progressisme devrait être le conservatisme ou le traditionalisme, qui au reste, dans certains domaines, n'est pas sans mérites. L'opposé du nationalisme pourrait être l'internationalisme, voire sur notre continent l'européisme. On est donc fondé à penser que cette notion de progressisme ne recouvre pas un sens précis mais est plutôt une facilité de langage destinée à construire une opposition politique commode face au Rassemblement national.

Philosophiquement, l'affaire se complique encore. Car naît ici la question du sens du progrès. Une distinction s'impose entre deux types de progrès: le progrès technique et le progrès humain. Le progrès des sciences et des techniques est ambivalent. Dans la sphère productive et sociale, qui dira que les paysans libres de la *Merry England* de la fin du XVIIIe siècle étaient plus malheureux que leurs successeurs prolétaires jetés dans la dureté des fabriques et les taudis des villes par la révolution industrielle anglaise? Face au bouleversement des techniques et des modes de production, Victor Hugo disait « sans cesse le progrès, roue à double engrenage, fait marcher quelque chose en écrasant quelqu'un ». Le progrès technique à l'œuvre dans le processus productif peut aussi bien alléger la pénibilité du travail que supprimer des emplois ou rendre le travail mécanique et inhumain.

L'effet ambivalent des progrès techniques, évident en matière d'armement, l'est aussi aujourd'hui dans le domaine de l'informatique et de l'intelligence artificielle. Si un accès presque illimité à l'information et à la connaissance est ainsi offert, des centaines de millions d'individus acceptent de livrer aux géants du Net leurs données personnelles – et celles de leurs contacts – dont ils ne peuvent contrôler ensuite l'exploitation. La plateforme Facebook se réserve ainsi – c'est dans ses conditions d'accès – le droit de traiter toutes les données de ses utilisateurs à des fins de recherche, et dispose donc de la possibilité de les exploiter commercialement. Par ailleurs, la tentation de s'en remettre toujours davantage à l'intelligence artificielle pour améliorer la productivité des services, qui entraîne la suppression de nombreux emplois, n'épargne aucun secteur.

Sur le plan politique, deux modèles opposés menacent. D'un côté, en Chine, l'État s'approprie les possibilités de contrôle que donne l'intelligence artificielle pour faire émerger un totalitarisme plus proche de l'univers décrit par George Orwell dans *1984* que du monde dans lequel nous voulons vivre. De l'autre, aux États-Unis, une idéologie libertarienne, hostile au pouvoir régulateur de la puissance publique, pousse à laisser aux acteurs privés la maîtrise de la technologie. Certains laboratoires de Google recherchent le maximum de richesse et de puissance, en compétition avec les États. La question est de savoir si les États européens sauront résister à ces deux modèles et développer l'intelligence artificielle en préservant les droits individuels et collectifs de leurs concitoyens, car ni les sciences ni les techniques ne peuvent décider des valeurs sociales, éthiques ou esthétiques.

Le progrès humain en effet n'est pas neutre. Il n'est pas seulement quantitatif, il est qualitatif. Il ne décrit pas des processus, il nous parle de valeurs, de bien-être, de liberté, d'épanouissement personnel, mais aussi d'appartenance collective, de respect de la dignité, par exemple de rapports sans domination entre les hommes et les femmes. Or, depuis 2017, si l'on examine la plupart des mesures décidées par le gouvernement, en faisant abstraction de celles auxquelles il a dû consentir face au mouvement des Gilets jaunes (une récente étude de l'OFCE a d'ailleurs montré qu'elles n'ont guère profité aux plus modestes), on ne peut pas dire qu'elles aillent dans le sens de ce que, à mes yeux, signifie le mot progrès : davantage de bien-être pour chacun, davantage de justice et d'harmonie dans la société. Comment rattacher au progrès les réformes qui – par exemple, pour le statut des cheminots, les droits à l'indemnisation des chômeurs, les futurs retraités ou la couverture maladie – vont en réalité représenter des régressions ? Et où sont les efforts (eux aussi qualifiés de « progrès ») demandés parallèlement aux catégories les plus favorisées de la population, par exemple aux grands actionnaires dont les revenus flambent de façon indécente ? L'iniquité du progressisme dont se réclame le gouvernement rencontre le scepticisme de l'opinion.

Quoi qu'il en soit, sur le terrain politique, l'issue de la partie qui se jouera en 2022 est incertaine. Elle dépendra peut-être moins de la confrontation des idées, dans laquelle le macronisme serait sans doute minoritaire, que du rapport de force s'établissant entre les différentes formations politiques aujourd'hui présentes dans le pays et qui solliciteront les suffrages des citoyens.

TROISIÈME PARTIE

2022. L'incertitude

1

Des formations en suspens

Après les élections européennes et le début des municipales

Les élections européennes de 2019, malgré leur objet particulier et un scrutin à la proportionnelle, avaient confirmé la supériorité du duo de tête de l'élection présidentielle de 2017. Avec respectivement 23,3 % et 22,4 % des suffrages exprimés, le Rassemblement national (en légère hausse) et La République en marche (un peu en baisse) ont maintenu leur prédominance.

Trois variations notables étaient pourtant intervenues. D'abord, la chute du parti Les Républicains, qui a surpris par son ampleur, comparée au score de la présidentielle. Ensuite, l'affaissement de La France insoumise. Enfin la percée réalisée par Europe Écologie les Verts (EELV), qui n'avait pas de candidat en 2017. Quant au Parti socialiste, il est resté très faible sans disparaître du Parlement européen.

Huit mois plus tard, le premier tour des élections municipales est venu nuancer ce tableau. Les candidats de la droite et du Parti socialiste, en particulier les maires sortants, ont bien résisté. La République en marche n'a pas réussi son implantation dans le paysage local. Les Insoumis n'ont pas su percer et les écologistes ont sensiblement progressé. Le Rassemblement national est resté fort dans ses bastions en étant contenu ailleurs.

Toutefois ces indications ne devraient pas invalider les réflexions qui suivent, car elles ne sont pas centrées sur le court terme ni même bornées par la prochaine élection présidentielle. En outre, les ancrages locaux ne suffisent pas à déterminer les rapports de force nationaux. Aujourd'hui, le constat reste le même : deux forces prédominent face à des formations politiques dispersées.

La droite écartelée

Depuis le début de la Ve République, le parti principal de la droite, héritier plus ou moins fidèle du gaullisme, dans sa forme étroite (UNR, UDR, RPR) ou dans sa formule élargie (UMP, puis Les Républicains), occupait une place majeure sur l'échiquier politique français.

L'enracinement historique de ce courant politique, ses appuis dans les classes sociales supérieures et moyennes, ses soutiens dans les milieux économiques, l'influence que lui valaient dans une partie des milieux populaires son discours d'ordre et sa référence aux traditions lui assuraient un socle qu'on pouvait croire inébranlable.

Comme toute formation, ce parti a connu des hauts et des bas. Il n'a pas été épargné par les va-et-vient de l'alternance. Et la dilution de sa référence originelle, le gaullisme, l'a exposé à bien des variations idéologiques. Il est vrai aussi que, sa sensibilité à l'égard de l'Europe pouvant être changeante, les élections européennes sont pour lui aléatoires. Ainsi, là où

Simone Veil obtenait le score record de 43 % des suffrages, en 1984, Nicolas Sarkozy, avec une droite extrêmement divisée, atteignait seulement 12,80 % en 1999. Néanmoins, pour Les Républicains, les 8,5 % de François-Xavier Bellamy en 2019 avaient fait figure de catastrophe avant que le premier tour des élections municipales ne les rassérène.

Dans une vie politique française mouvante, ce parti est victime d'un double phénomène d'aimantation de ses électeurs, voire de ses cadres. Certains sont tentés par l'inclination droitière de la politique du président de la République, d'autant que quelques-uns des leurs sont entrés au gouvernement, tel le Premier ministre actuel. D'autres sont tentés par les idées du Rassemblement national. Pour résister à ces attractions contraires, Les Républicains devraient se rassembler autour d'une doctrine propre. Ce n'est pas le cas aujourd'hui. D'où leur crise, symbolisée par la démission de leur dernier président, Laurent Wauquiez, et l'élection d'un nouveau, Christian Jacob.

Il serait certainement saugrenu, pour moi qui viens d'un autre horizon politique, de prodiguer des conseils aux responsables de ce parti. En tout cas, l'avenir de la droite classique dépendra de sa capacité à retrouver une identité cohérente. Car si aujourd'hui l'électorat en France semble encore pencher à droite, la porosité du mur qui sépare l'extrême droite des droites républicaines et la lutte d'influence engagée au sein des droites (entre ceux qui ont rejoint le gouvernement et ceux qui restent dans l'opposition) génèrent un fort potentiel d'instabilité de ce côté de l'échiquier politique.

Des aléas existent aussi chez les Verts et au sein de la gauche, dont la situation est paradoxale. Elle est faible, fractionnée et on peut même s'interroger sur qui la compose. C'est dire si ce constat me désole. Pourtant, en la prenant dans son acception large (avec les écologistes), si ses forces s'unissaient, la gauche devancerait le Rassemblement national et La République en marche. Dans une hypothétique présidentielle, avec un candidat unique et un dessein partagé, elle pourrait accéder au second tour avec une chance réelle de gagner. Telles sont les contradictions et les virtualités que recèle un paysage politique déstructuré. Une telle configuration dépendra pour une part de la façon dont EELV se déterminera.

Le dilemme des écologistes

Depuis que le message écologique a fait irruption dans la vie politique française, en 1974, avec la candidature de l'agronome René Dumont à l'élection présidentielle, les écologistes ont toujours été confrontés à trois interrogations : De quelle façon convaincre ? Avec qui agir ? Comment pérenniser leur force ?

Pour progresser dans l'opinion, une orientation a semblé l'emporter. Si le choix de l'engagement associatif exclusif ou les pratiques écologiques dans la vie quotidienne réunissent encore de nombreux partisans, l'action politique est devenue le mode le plus visible de l'engagement écologique. L'extrême gravité de menaces désormais avérées – réchauffement climatique, rareté de l'eau, exploitation illimitée de la nature, déforestation, désertification, pollution – a mis au premier plan l'impératif d'une action globale impliquant les États et commandant la coopération internationale. Au reste, le vote préférentiel des jeunes pour la liste EELV et la poussée des listes écologistes dans l'Union aux élections européennes ont montré combien la question écologique s'imposait dans la vie démocratique.

Savoir avec qui agir a souvent été un problème pour les Verts. On peut comprendre pourquoi. S'allier avec d'autres, c'est partager une cause qu'ils considèrent comme leur. Se marquer à gauche ou à droite, c'est courir le risque de freiner son propre développement. Mais se contenter d'être une force d'influence sur ceux qui gouvernent, ou encore rêver d'être un jour lointain hégémonique à soi seul, c'est peut-être se condamner à l'impuissance quand l'urgence est là.

Aussi les responsables écologistes ont-ils varié dans leur stratégie. Le tempérament des personnalités a joué autant que les circonstances. René Dumont s'était désisté pour François Mitterrand en 1974, à la différence de Brice Lalonde en 1981. Antoine Waechter, candidat des écologistes à la présidentielle de 1988, théorisa le refus de prendre parti pour la gauche ou pour la droite en prônant un écologisme politique autonome. Au contraire, Dominique Voynet et Yves Cochet ont choisi d'ancrer à gauche le parti des Verts et sont entrés dans mon gouvernement. Cécile Duflot fera de même sous la présidence de François Hollande. Quant à Nicolas Hulot, figure médiatique de l'univers écologique, il accepta de rejoindre en 2017 le gouvernement d'Emmanuel Macron pour le quitter un an après, faute d'être entendu. Les composantes de la mouvance écologique se sont beaucoup divisées sur ces problématiques de l'autonomie ou des alliances.

Le troisième défi pour le mouvement écologiste en France est celui de son maintien durable à un niveau assez significatif pour s'installer en force incontournable. Il a obtenu deux fois des scores notables aux européennes : 16,30 % en 2009 et 13,50 % en 2019. Les performances des représentants de l'écologie aux élections présidentielles ont toujours été modestes, tout au plus 5,2 % en 2002. Aux élections législatives, l'élection de députés Verts a jusqu'ici dépendu d'accords de désistement réciproque passés avec les partis de gauche. Enfin, depuis l'origine, rares ont été les maires de grandes villes rattachés à la mouvance écologiste. Cela témoigne d'un enracinement local encore modeste, même si le premier tour des élections municipales interrompues laisse penser que cela peut changer.

Si le mouvement écologiste peine à s'imposer politiquement, malgré une cause de plus en plus populaire, c'est peut-être en raison de son fonctionnement. En effet, sa vie interne a été, au cours des années, plutôt désordonnée. Les idées rapprochaient ses membres, mais le degré de pragmatisme auquel il fallait consentir pour les inscrire dans la réalité suscitait chez eux des débats constants. En outre, moins rompus à la discipline que leurs homologues allemands, traversés de sensibilités politiques différentes et peu portés aux hiérarchies, les Verts français ont souvent, sous couvert de débats, multiplié les discordes, les scissions et les recompositions. Cette scène, intense et houleuse, a pu décourager leurs électeurs potentiels.

Après leur récent succès aux élections européennes, les écologistes sont confrontés aux mêmes questions qu'hier. Pour traduire dans d'autres scrutins la performance qu'ils viennent de réaliser, ils peuvent compter sur une prise de conscience croissante dans l'opinion de la gravité des menaces qui se profilent pour notre Terre et nos vies quotidiennes. La sensibilité d'une grande partie des jeunes aux questions écologiques est un gage pour l'avenir. Dans cette hypothèse, leurs responsabilités grandiront car ils seront comptables de l'efficacité de leur action. Sauf à faire de l'expansion de leur mouvement une fin en soi, ils auront à rechercher quelles autres forces politiques sont les plus ouvertes à leurs convictions et les mieux à même, avec eux, de les ancrer demain dans une action de gouvernement.

À court terme, une possibilité serait de rejoindre l'actuelle majorité. L'urgence d'agir justifierait de travailler avec ceux qui sont en situation de mobiliser les moyens de l'État au service de la cause écologique, sur le plan national comme au niveau international. Ainsi les Verts autrichiens ont-ils rejoint à Vienne un gouvernement de droite. Un tel changement de cap serait assurément profitable au président français, qui élargirait sa majorité. Mais ce serait un pari risqué pour EELV que de jouer un rôle de supplétif dans un gouvernement économiquement libéral, idéologiquement pro-business et qui a peu démontré jusqu'ici sa passion pour l'écologie.

Pour les écologistes, retrouver demain des partenaires de gauche afin de réaliser leurs objectifs est également aléatoire. Car rien ne garantit que puisse se former dans un avenir proche un gouvernement conjuguant la question sociale et l'exigence écologique et auquel participeraient les Verts.

Une troisième hypothèse serait que les écologistes français soient en mesure de dominer la scène politique et de former autour d'eux un gouvernement. C'est l'espoir de Yannick Jadot. Mais une telle hypothèse est fragile à court terme et elle n'a pris corps jusqu'ici dans aucun pays. La question des alliances continuera de se poser aux écologistes. Quant à la gauche, elle est aujourd'hui faible et émiettée.

Génération.s : un mouvement éphémère

Je ne consacrerai pas de longs développements à cette formation. Non que me soient indifférents celui qui l'a créée, Benoît Hamon, ni ceux qui l'ont suivi. Beaucoup d'entre eux ont voué des années de leur vie à l'action militante, et cela mérite respect. Je centrerai mon propos sur Benoît Hamon, que j'ai connu dans les années 1990 comme jeune président des Jeunesses socialistes, car son mouvement est né de ses choix.

En 2017, Benoît Hamon a été, un peu par surprise, désigné dans une « primaire ouverte » comme candidat à l'élection présidentielle des socialistes et des radicaux de gauche. Il a avancé dans sa campagne des idées intéressantes, comme celle d'un revenu universel, hélas insuffisamment expertisée. Pourtant, son discours est resté marginal. Le Parti socialiste était affaibli. Certaines de ses figures – dont l'ancien Premier ministre Manuel Valls, pourtant participant à la primaire – avaient déclaré qu'elles ne le soutiendraient pas. Sans parler de ceux qui avaient déjà rejoint le candidat d'En marche ! Dans les toutes dernières années, les comportements égotistes s'étaient beaucoup répandus dans ce qui avait été une grande formation politique. J'y reviendrai.

Celui qui créa Génération.s a-t-il lui-même échappé à ce syndrome ? Malheureusement pas. Dans le gouvernement de Jean-Marc Ayrault, il est pendant deux ans un bon ministre de l'Économie sociale. Pourtant, en 2014, avec quelques autres (comme Arnaud Montebourg), il pousse au remplacement de son chef de gouvernement par Manuel Valls. Quatre mois plus tard, alors que celui-ci lui a confié l'important portefeuille de l'Éducation nationale, nouveau revirement: il démissionne du gouvernement, découvrant soudain des désaccords politiques…

Le plus déconcertant était à venir. Au terme du quinquennat, choisi par les socialistes pour être leur candidat à l'élection présidentielle, il mène campagne en leur nom et avec eux. Le résultat est plus que décevant. Or, au lendemain de son échec aux élections législatives, son premier geste est d'abandonner ceux qui l'avaient soutenu pour créer autour de lui une autre organisation à l'identité floue. Dès lors, malgré la sincérité de ceux qui se sont engagés à Génération.s, le sort de ce mouvement risque d'être scellé.

Le parti communiste: un témoin

Cent ans après la naissance du Parti communiste français, je garde en mémoire avec d'autres, de ma génération, sa puissance, même rongée par le stalinisme, sa présence dans le monde ouvrier, le nombre de ses militants et de ses élus locaux, le prestige qu'il s'était gagné chez certains intellectuels et le rayonnement qui était encore celui de la pensée marxiste au début des années 1970. Le score réalisé par son candidat aux dernières élections européennes (2,5 %) est donc un objet de méditation historique. À l'instar de ce que Paul Valéry disait des civilisations, nous savons que les partis politiques sont mortels. Chacun d'entre eux, du plus faible au plus fort, devrait aujourd'hui retenir cette leçon. Les partis ne sont pas seulement des forces autonomes portées par leurs militants, ils représentent les aspirations d'une partie du peuple et une ambition pour l'avenir d'une nation dans son ensemble. S'ils se coupent de cette source vive et de cette vision, ils perdent de leur sens et leur fonction démocratique s'étiole. Les citoyens peuvent leur rester longtemps fidèles, puis se détourner d'eux, de façon irrémédiable.

Au lendemain de la Libération, après avoir gouverné sous l'autorité du général de Gaulle, le PCF s'est, en 1947, dans le contexte de la guerre froide naissante, retranché dans l'opposition. Il a cultivé son implantation chez les ouvriers, dans les milieux populaires et dans des bastions électoraux. Dans les années 1970, prenant tardivement des distances avec le communisme soviétique, le PCF s'est engagé dans l'Union de la gauche, allant jusqu'à négocier un Programme commun de gouvernement. Cette stratégie l'a sorti de l'isolement mais il a subi la montée en puissance du Parti socialiste conduit par François Mitterrand. Les communistes contribuent, en 1981, à son élection à la présidence de la République. Ils reviennent au pouvoir dans le gouvernement de Pierre Mauroy après trente-quatre années passées dans l'opposition. Ils le quittent à l'arrivée de Laurent Fabius à Matignon trois ans plus tard. Ils retrouveront les responsabilités nationales à mes côtés treize ans après, en 1997, dans un gouvernement de gauche incluant des écologistes, et ils y resteront tout le temps de la législature.

Après la guerre, le PCF était le premier parti de France, représentant en 1946 un petit tiers des électeurs. En 1978, il a été dépassé par le Parti socialiste. Sa chute n'a cessé ensuite de s'accélérer. On observe la même courbe, déclinante et abrupte, pour les autres scrutins – nationaux et européen.

Plus cruelle peut-être fut pour lui la perte de nombreuses municipalités, en particulier des villes ouvrières, bastions, sources de mandats et de revenus pour le parti, et foyers où la politique sociale et culturelle du « communisme municipal » se donnait en exemple. Le PCF y développait au sein du monde capitaliste une sorte de contre-culture, en même temps qu'il fidélisait des citoyens pour d'autres rendez-vous électoraux. Or ce communisme local s'est lui aussi affaissé.

Lorsqu'un parti puissamment enraciné dans la réalité politique et sociale d'un pays décline, il est déconcertant pour ses militants de réaliser que les principales raisons de cette chute lui sont extérieures. Si le PCF avait rompu plus tôt avec le modèle soviétique, aurait-il sauvegardé son avenir ? L'exemple italien ne confirme pas cette hypothèse. Le parti communiste italien (PCI), plus influent encore dans la péninsule que ne l'était son homologue dans l'Hexagone, a pris ses distances avec le tuteur soviétique dès les années 1960, sous l'autorité d'Enrico Berlinguer. Pourtant, ce parti n'existe plus comme tel aujourd'hui : il s'est métamorphosé d'abord en parti démocratique de la gauche (PDS), avant de se fondre dans une large formation du centre gauche.

De fait, c'est le changement du monde qui a entraîné le déclin des partis communistes en Europe. À l'Est, la dislocation de l'URSS, la disparition de l'économie collectiviste en Russie et dans ses satellites ont défait le monopole de la représentation politique que détenaient, sous des noms divers, les partis communistes. À l'Ouest, dans les pays démocratiques, des évolutions lentes à l'œuvre dans l'économie et dans la société ont opéré sur les partis communistes un effet dissolvant. La réduction relative du poids de la classe ouvrière, due à la désindustrialisation, l'extension continue du salariat des services (différent du monde ouvrier dans sa culture et ses réflexes), la montée de l'individualisme ont sapé, en France comme ailleurs, les bases de la culture communiste. Cependant que l'attrait du marxisme-léninisme faiblissait chez les intellectuels, la classe ouvrière, à qui le PCF attribuait la mission historique d'accoucheuse d'une société nouvelle libérée de l'exploitation, perdait sa conscience de classe. Les ouvriers, réduits en nombre, touchés en masse dans leur fierté de travailleurs par les plans sociaux et le déclassement du chômage, se jugeant peu défendus par les politiques publiques et oubliés par les partis de gauche, portaient souvent leurs voix, en même temps que leur désespoir, vers un parti au discours nationaliste et xénophobe, le Front national, dont ils faisaient le déversoir de leur colère, à défaut d'y voir un véritable recours.

Le parti communiste apparaît aujourd'hui comme la butte-témoin d'une histoire à la fois grandiose et tragique, celle d'une révolution débouchant sur un totalitarisme. Pourtant, ce parti compte encore des adhérents dévoués, pas seulement nostalgiques des ferveurs anciennes ou dépositaires d'un passé puissant. Ils restent animés par une exigence de justice, une authenticité militante et une fidélité à leurs engagements. Leur culture les rend lucides face aux engouements modernistes. C'est pourquoi j'avais souhaité que les communistes participent à la « majorité plurielle » et qu'ils entrent dans mon gouvernement. Leurs représentants ont été de bons ministres et l'un d'entre eux, Jean-Claude Gayssot, est devenu un ami. Si la gauche se reconstruit un jour au point d'exercer à nouveau des responsabilités d'État, elle serait avisée de savoir distinguer les qualités et les talents que recèle encore le PCF. La France insoumise a été un temps son alliée. Elle se fixe aujourd'hui l'ambition de conquérir le pouvoir… pour le subvertir.

La France insoumise ou le piège de l'incantation

Si j'ai côtoyé longtemps Jean-Luc Mélenchon au Parti socialiste, je ne connais pas les plus jeunes figures de son mouvement. Je ne suis pas effrayé par la radicalité qu'ils revendiquent. Je me demande seulement si le style adopté par cette formation et sa méthode politique ne constituent pas précisément sa limite. Par exemple, quand son leader transforme sa confrontation à l'institution judiciaire, que d'autres responsables ont parfois subie, en conflit politique, comme s'il était victime d'un complot, l'opinion le désapprouve. Il semble surtout qu'il existe un décalage entre les proclamations hardies des Insoumis et les moyens qu'ils avancent pour mettre en œuvre un changement politique.

J'ai eu tôt de la sympathie pour Jean-Luc Mélenchon. Hier, au Parti socialiste, il était déjà talentueux. Bon orateur, il savait composer et ne manquait pas de réalisme. Il ne cachait pas son admiration pour François Mitterrand, tout en critiquant parfois sa politique. Dans cette position originale, il s'est longtemps trouvé à son aise dans le parti d'Épinay. En 1997, je lui ai proposé d'entrer au gouvernement et quand il l'a rejoint, il a été un excellent ministre de l'Enseignement professionnel. Il s'est senti, je crois, en accord avec ses convictions en se consacrant aux jeunes, notamment des milieux populaires, parfois négligés par notre système éducatif. J'ai apprécié sa loyauté. Pas plus qu'il n'a renié les leçons politiques reçues de François Mitterrand, il n'a décrié après coup le gouvernement que j'avais conduit et que nous avions servi ensemble.

Quand il a quitté le Parti socialiste, en 2008, il avait certainement des désaccords politiques avec celui-ci. Entrait sans doute aussi dans cette rupture une dimension existentielle. Jean-Luc Mélenchon se sentait réduit à un rôle mineur d'opposant intérieur. Lui qui ne sous-estimait pas son talent et avait éprouvé la force de son verbe sentait monter en France des colères lui offrant la chance d'un tête-à-tête avec le peuple et lui ouvrant un destin. Les grands rassemblements organisés autour de lui dans ses deux campagnes présidentielles et les résultats obtenus en 2012 et plus encore en 2017 ont confirmé ses dons. Mais il a choisi d'adopter un ton véhément et une problématique politique « dégagiste » qui l'éloignent de la tradition et des méthodes du socialisme démocratique.

Le fonctionnement de La France insoumise a provoqué l'an passé une contestation en son sein. Je ne sais pas quelle place est laissée au débat et aux expressions divergentes au sein de ce mouvement. Quoi qu'il en soit, je ne partage pas la vision des partis que Jean-Luc Mélenchon théorise dans son livre, *L'Ère du peuple*, et qui le conduit à juger dépassée cette forme d'organisation en lui préférant une conception « mouvementiste ».

La forme partidaire lui semble obsolète, pour autant qu'elle resterait celle du « parti de classe ». Mais les partis sociaux-démocrates ne se conçoivent plus, et depuis longtemps, comme des partis d'une seule classe. Ils se réfèrent plus largement au peuple – en quoi ils ont devancé Jean-Luc Mélenchon, qui entend substituer désormais le « peuple » à la « classe ».

Se pose aussi la question de la forme d'organisation choisie par son « mouvement ». On peut douter qu'une formation politique à laquelle on donne délibérément une forme

« gazeuse » ait la cohésion, la clarté d'idées et la solidité nécessaires aux grandes ambitions que se propose le chef de file de La France insoumise. Pour ma part, j'ai agi hier – d'ailleurs avec lui – dans un parti qui définissait clairement les prérogatives de ses adhérents, la latitude de ses échelons départementaux, les pouvoirs de sa direction nationale, l'autorité de son premier responsable et les relations qui pouvaient se nouer entre ces différents niveaux. La transparence d'une organisation, même pour ceux qui « y entrent et en sortent librement », reste une exigence de démocratie interne et une garantie de pérennité.

Un risque d'incohérence concerne aussi la stratégie. Depuis quelque temps, dès qu'un leader d'une formation politique semble se détacher par rapport aux autres, il rêve de conquérir seul le pouvoir ou intime aux autres de le suivre. Agir ainsi, c'est fragmenter la gauche. C'est aussi se fermer la perspective, par ailleurs proclamée, d'accéder aux responsabilités pour relever les défis du pays.

Autre discordance : ce mouvement récent se montre aussi implacable pour les « vieux programmes » que les modernes détracteurs de l'« ancien monde ». On peut être intéressé par la tentative de penser l'évolution actuelle des sociétés en délaissant le concept de « classe » pour lui substituer celui de « peuple », opposé à l'oligarchie. Encore faut-il ne pas déboucher sur une opposition simpliste entre, d'un côté, une caste étroite, privilégiée et close et, de l'autre, un « peuple » dont on oublierait la diversité et les conflits internes, ni négliger les oscillations des classes moyennes.

Au sein du peuple, les Insoumis distinguent désormais le salariat encore intégré, d'un côté, les précaires et les plus pauvres, de l'autre. Ils soutiennent que les entreprises, où se manifestent les « revendications corporatives des salariés », ne sont plus le « lieu central où s'exprime une conscience politique globale ». Dans ce schéma, les syndicats sont disqualifiés et perdent leur rôle social, ce que contredit la récente mobilisation contre la réforme des retraites. Pour le fondateur de La France insoumise, c'est dans la vie urbaine, là où se partagent « les transports apoplectiques, les logements relégués, les services sociaux insuffisants et les pics de pollution » que peut se créer un « collectif populaire ». Encore faudrait-il nous dire comment se compose, s'organise et sur quoi débouche un tel collectif.

La manière énigmatique avec laquelle, sous l'étendard de la « révolution citoyenne », La France insoumise considère la conquête et l'exercice du pouvoir a enfin de quoi surprendre. Jean-Luc Mélenchon écrit dans l'ouvrage cité plus haut que le peuple a « un programme spontané qui est la négation de l'ordre établi ». Puis il nous rassure : « Je ne crois pas à l'efficacité des coups d'État ou de la guerre de guérilla, ni à la violence comme mode d'action pour changer la société. » Et il précise encore : « La démocratie est donc la cornue incontournable et indépassable pour rendre possible l'existence du peuple en tant que sujet de l'Histoire. » La « révolution citoyenne » passera bien par la voie électorale, et d'abord par l'élection présidentielle puisque avec elle, c'est toujours Jean-Luc Mélenchon qui parle, « c'est toute la réalité politique qui est en état d'être transformée ». Pour autant, dans l'hypothèse de la victoire d'un candidat de La France insoumise à l'élection présidentielle, « le processus constituant est l'acte fondateur de la conquête de la souveraineté par le peuple ». Sans qu'on nous dise si, au terme du processus constitutionnel de deux ans qui est prévu, l'hypothétique VIe République instaurée par référendum serait parlementaire ou présidentielle, ni comment on présiderait et on gouvernerait dans l'intervalle. Cela fait beaucoup d'inconnues.

La radicalité aussi a ses exigences. Si une situation politique est décrite comme insoutenable, alors le devoir de la changer est impérieux. Or on peut s'interroger sur la visée politique véritable de La France insoumise. Espère-t-elle à elle seule conquérir le pouvoir ? Ce serait audacieux. A-t-elle la volonté de l'exercer, avec d'autres ? Alors, elle doit indiquer comment et avec qui. Ou se satisfait-elle au fond de rester un mouvement d'opposition radicale ? Selon les cas, les enjeux ne sont pas les mêmes. Par rapport au pouvoir, le Parti socialiste n'a pas ces hésitations. Son dilemme est d'une autre nature.

Le Parti socialiste : renaissance ou effacement

Je suis membre du Parti socialiste depuis près de cinquante ans. Si j'étais jeune aujourd'hui, le rejoindrais-je ? Ce n'est pas certain. Ou alors pour contribuer à le faire renaître. À ce stade de ma vie, je n'ai pas l'intention de le quitter. Pourquoi ?

Sans doute par fidélité au passé. Aux côtés de François Mitterrand, je me suis engagé en 1971 dans la décennie féconde qui a amené la gauche au pouvoir. J'ai été deux fois le premier secrétaire du Parti socialiste, de 1981 à 1988 et de 1995 à 1997. J'ai ensuite gouverné, au service du pays, animé par mes convictions. De ces années d'action collective, je garde la fierté.

Aujourd'hui, je doute que la déstructuration politique en cours depuis trois ans dans le pays débouche sur une recomposition stable, exempte de risques pour la démocratie. Je ne suis pas convaincu que le pouvoir actuel, tel qu'il définit sa politique et se comporte, permette à la France de relever sans heurts les défis de son époque.

Enfin, je crois en l'avenir. Je garde l'espoir que puisse renaître en France, dans un rapport lucide au monde, une force politique de gauche capable de servir ensemble l'efficacité économique, la demande sociale, l'impératif écologique et l'exigence démocratique.

On peut cependant s'interroger : les forces politiques d'aujourd'hui doivent-elles encore être des partis ? Pour Jacques Julliard, historien respecté, la réponse est non. Dans un intéressant éditorial, il soutient que le parti politique est un « modèle inadapté aux formes de la vie politique moderne ». Toutefois il ajoute : « Reste à concevoir un modèle d'organisation démocratique de masse, qui ne soit pas une simple copie d'un modèle pire encore, celui des populismes d'aujourd'hui mais aussi des fascismes d'hier, gravitant tout entier autour d'un leader charismatique et d'une bande de seconds couteaux tout entiers dévoués à la personne de leur chef. » Comme Jacques Julliard ne nous dit rien de ce nouveau « modèle », poursuivons la réflexion.

J'aimerais plaider la cause des partis. Ce n'est pas qu'ils résument à eux seuls la vie démocratique. Les syndicats, en dépit de leur faiblesse et de leurs divisions en France, gardent une fonction de représentation, une force revendicative et une capacité de négociation incontournables. Les associations, grâce à la diversité des champs qu'elles embrassent et des causes qu'elles servent, mobilisent, souvent de façon bénévole, de nombreuses personnes qui, au-delà de leur vie individuelle, s'engagent dans des pratiques ou des actions avec d'autres.

Mais les partis restent irremplaçables pour le rôle qu'ils jouent dans la vie démocratique. Selon notre Constitution, ils « concourent à l'expression du suffrage ». Je dirais volontiers à Jacques Julliard : c'est justement parce que la société « moderne » est individualiste, atomisée, consumériste et facilement amnésique que des formations politiques dotées d'une certaine permanence sont essentielles pour la stabilité de la démocratie. C'est aussi vrai des diverses institutions aujourd'hui malmenées.

Idéalement, les partis démocratiques sont des lieux où des citoyens librement engagés peuvent prendre le temps de la réflexion et débattre collectivement. Ce sont des « laboratoires démocratiques » où sont élaborés, à l'intention de tous, des projets politiques, où le leader peut être contrôlé par une direction collective et où les adhérents ont des droits.

Le rejet actuel des partis politiques ne résulte pas à mes yeux de leur structure ou de leur forme. Il tient plutôt à leurs dysfonctionnements – quand les querelles personnelles l'emportent sur le débat. Il résulte aussi de leur irresponsabilité quand, une fois au pouvoir, leurs actes démentent leurs promesses. Les partis gardent leur raison d'être à côté d'autres formes d'expression collective : syndicats, associations, cercles de réflexion et mouvements spontanés.

Je ne sais pas si le Parti socialiste sera le creuset ou seulement une pièce d'une force politique de gauche et écologique à forger. Il lui faudra déjà se redresser et relever plusieurs défis. Il aura sûrement à s'armer de patience. Compter sur un rebond mécanique, comme le Parti socialiste en a connu plusieurs, serait une illusion. Les fautes ou les échecs toujours possibles de ses adversaires ou de ses concurrents ne suffiront pas à sa renaissance. La crise du Parti socialiste aujourd'hui est profonde et particulière.

Après les malheureuses élections législatives de 1993, quand le Parti socialiste ne comptait plus que cinquante députés, il ne nous a pas fallu plus de deux ans pour retrouver confiance à l'occasion de l'élection présidentielle de 1995. Et pas plus de deux années encore pour que la gauche revienne aux responsabilités et gouverne cinq ans en respectant ses engagements, sans rejet de l'opinion. Après la défaite imprévue de 2002, nous avons repris le chemin des conquêtes locales. Cinq ans plus tard, Ségolène Royal accédait au second tour de l'élection présidentielle de 2007. Et François Hollande fut élu à la présidence de la République en 2012. Le Parti socialiste était alors resté lui-même, pour l'essentiel.

Aujourd'hui, sa faiblesse extrême semble être le fruit amer d'une identité perdue. Et c'est cette identité qu'il faut redéfinir. Je n'ignore pas la difficulté de la tâche d'Olivier Faure et de ceux qui avec lui dirigent le Parti socialiste. Ceux qui, je l'espère, le rejoindront demain devront être des reconstructeurs et s'armer de l'énergie et de la persévérance nécessaires.

Seule la remise au travail de tous permettra, avec le temps, d'espérer des jours meilleurs au service du pays. Le Parti socialiste a besoin de responsables nationaux peu nombreux et clairement identifiés par les adhérents comme par l'opinion. C'est la condition pour que reviennent vers lui, en pleine liberté, comme en d'autres temps, des intellectuels, des experts, des praticiens et des militants de divers horizons, tous indispensables à la réflexion. Avec eux, le Parti socialiste pourra redevenir un lieu d'échanges et de propositions, doté d'une identité définie et visible. Comment l'imaginer ?

Cette identité ne saurait être libérale. Le socialisme n'est pas un libéralisme social, il est le concurrent historique du libéralisme et aujourd'hui celui du néolibéralisme. Qu'on m'entende bien, le libéralisme (le mot apparaît au début du XIXe siècle) a été un courant de pensée économique et politique fécond. Il fut le premier à prôner le rejet du despotisme et l'attachement aux libertés. Mais le socialisme, né après lui du constat de la brutalité du capitalisme industriel naissant et d'un combat organisé contre la misère ouvrière, s'est constitué contre la doctrine libérale, les excès de son individualisme et son indifférence fréquente aux injustices. Il est vrai que l'attachement au libéralisme a pu être un temps un rempart contre les formes autoritaires d'un certain socialisme. Toutefois, le socialisme d'aujourd'hui, immergé dans la pensée démocratique, n'a pas besoin du libéralisme comme antidote. Surtout quand le néolibéralisme, avatar économique de la doctrine libérale, s'accommode fort bien de régimes politiques bannissant les libertés. Si, restant fidèles à notre pensée politique, nous estimons toujours qu'une régulation de l'économie et une lutte pour la justice sociale sont nécessaires, évitons d'amalgamer libéralisme et socialisme. C'est pour avoir permis cette confusion que le socialisme est dans le doute aujourd'hui, en France comme en Europe.

Sur le terrain économique, céder au tropisme libéral, c'est peut-être recevoir l'approbation du patronat et d'une partie de la haute administration. Mais c'est compromettre le succès d'une politique de gauche. Face à la réalité du monde d'aujourd'hui, les socialistes qui réfléchissent aux questions économiques devraient revisiter Keynes, s'inspirer des travaux des économistes de la régulation et intégrer la problématique écologique plutôt que de céder par commodité intellectuelle à la pente néolibérale.

Les socialistes n'ont rien à gagner non plus à substituer les questions dites sociétales à la question sociale. Le mot « sociétal » est un anglicisme dont l'usage s'est récemment répandu pour distinguer deux domaines de la vie en société. Le social continuerait de viser l'organisation et le droit du travail, les rapports de classes, la condition des différents groupes sociaux, les politiques qui visent à réduire les inégalités, l'action contre le chômage, la pauvreté, la maladie ou la vieillesse. Le sociétal s'appliquerait, quant à lui, aux modes de vie, aux mœurs et à des questions aussi diverses que l'éducation, l'insécurité (même si elle relève du régalien), la famille, le mariage, la procréation médicalement assistée (PMA) ou la gestation pour autrui (GPA). Autant de domaines concernés par des normes éthiques et juridiques relevant de la loi.

Même en acceptant cette distinction, des exigences s'imposent aux socialistes.

La première est de trouver le juste équilibre entre les deux champs. Si les socialistes négligent ce qui fut leur combat historique : la défense du monde du travail, la lutte contre les injustices, la répartition plus équitable de la richesse produite, ils manqueront à une part essentielle de leur mission. Et ils ne regagneront pas les votes populaires qu'ils ont perdus.

La seconde implique d'accueillir avec sensibilité mais aussi avec raison les différentes demandes qui émanent de la société. Tout n'a pas la même valeur et tout n'emporte pas les mêmes conséquences. Sans passer ici en revue les diverses questions éthiques et juridiques ayant fait débat ces dernières années, je voudrais seulement suggérer une certaine prudence aux socialistes afin qu'ils ne se laissent pas dicter leurs positions par des emballements ou des modes. L'éducation, la santé ou l'immigration intéressent tout le monde et touchent au bien commun, alors que les demandes de PMA sont circonscrites.

Les socialistes devraient aborder ces questions sociétales en gardant à l'esprit des valeurs qui sont au cœur de la pensée socialiste et humaniste : le rejet de l'exploitation et le respect de la dignité des personnes. À cet égard, la GPA, formulation destinée à donner une coloration altruiste à un contrat toujours marchand, est une pratique redoutable d'un point de vue social et éthique. On sait que, sauf quand j'étais au Conseil constitutionnel, par devoir de réserve, je me suis engagé avec vigueur dans la lutte contre la légalisation de cette pratique en France et, si possible, pour son abolition ailleurs. Je l'ai fait au nom du combat contre l'exploitation des femmes (des femmes pauvres) et pour le respect de la dignité humaine. Il serait déplorable de voir des socialistes consentir à ce que le marché, déjà si envahissant, s'étende à la sphère la plus intime de la vie, au point que certaines femmes pourraient vendre leur maternité et que des nouveau-nés deviendraient les objets de transactions marchandes. Peu importe qui sont les commanditaires et quelle est leur sexualité.

Pour les socialistes, il est d'ores et déjà acquis que l'avenir de l'humanité dépendra de l'état de la Terre. Il n'est plus possible de nous en tenir à la vision habituelle du développement – centrée sur la croissance, l'emploi et le niveau de vie – et de concevoir la préoccupation environnementale comme un supplément. L'exigence écologique doit être totalement intégrée à notre pensée politique.

Les socialistes ont l'expérience des responsabilités, nationales et locales, ils récusent le laisser-faire et doivent désormais rechercher la meilleure façon de transformer – sans le casser – le processus productif afin de le rendre plus économe en ressources et moins prodigue en déchets, en pollution et en nuisances. Un débat a commencé, entre experts et citoyens, pour surmonter l'opposition croissance-décroissance. Les écologistes ont pris conscience de l'obligation de rendre « socialement soutenables » les politiques environnementales afin d'éviter les blocages et l'enlisement. La question écologique et la question sociale ayant nécessairement partie liée, les socialistes ont là une vraie perspective autour de laquelle travailler avec tous ceux pour qui l'écologie est une priorité absolue.

La gauche doit avoir pleinement conscience du fléau de son fractionnement et préparer les conditions de son rassemblement autour d'un axe social-écologique. Le Parti socialiste, favorable à l'unité, devra peut-être admettre que ce rassemblement se fasse non pas forcément autour de lui mais avec lui. La force qu'il recouvrera en décidera.

Les années récentes nous enseignent aussi la nécessité d'inscrire nos convictions dans la culture du collectif, en résistant aux tendances égocentriques et à la tentation de l'opportunisme, voire du carriérisme. Les socialistes pourront reconstruire une force politique cohérente et fiable si, et seulement si, leurs dirigeants se respectent mutuellement et s'appliquent à servir de manière désintéressée le mouvement qui est le leur et, plus largement, les citoyens.

Alors, les socialistes se donneront la possibilité de préparer rationnellement et harmonieusement les prochaines élections nationales. Les socialistes ne croient pas au « sauveur suprême ».

Toutefois, ils auront besoin comme leader d'une figure reconnue par les Français, s'entourant elle-même de personnalités solides. Ils auront plus de chances de les voir apparaître et s'engager en leur nom s'ils travaillent ensemble sur le fond les questions qui intéressent les Français.

À la différence d'autres courants de pensée disparus ou marginalisés, le socialisme démocratique a cette chance historique qu'aucune évolution objective ne le menace d'obsolescence. Il n'est pas lié à un mode de production, à une classe sociale, à un stade de l'évolution technologique, ni à un empire quel qu'il soit. Il existe par les valeurs qu'il défend. Or la démocratie, la justice sociale, la maîtrise de l'économie, le besoin d'une société plus harmonieuse et d'un environnement effectivement vivable restent des aspirations pour les peuples, et on les voit sourdre même dans les pays où elles ne peuvent s'exprimer librement. L'avenir du socialisme démocratique ne dépend que de lui.

Pour autant, dans le paysage politique national actuel, deux mouvements prédominent encore : La République en marche et le Rassemblement national. Ils sont certes éloignés sur l'échiquier politique : l'un se tient au centre, l'autre part de l'extrême droite. Ce qui me conduit à les rapprocher, dans une sorte de proximité dynamique, c'est leur volonté d'aller à la prochaine élection présidentielle, ensemble et l'un contre l'autre, en marginalisant les autres partis. Pour le pays, ce jeu peut être dangereux.

2

Un face-à-face périlleux

La République en marche : la puissance et le vide

Le mouvement politique constitué par LREM suscite l'impression étrange d'une puissance surplombant le vide. Si ce mouvement comporte nombre de talents individuels, il peine à exister comme une force authentique.

Les signes de la puissance sont là. Le chef de l'État, autour duquel tout s'ordonne, nombre de ministres, le président de l'Assemblée nationale sont membres du mouvement qui rassemble au Palais-Bourbon une majorité absolue de députés, même sans compter son allié le MoDem. Son groupe parlementaire s'est longtemps montré fervent et docile et les écarts en son sein sont encore peu nombreux, même si l'on observe des premiers départs, goutte à goutte. Des maires de grandes villes sont ralliés ou proches. Cette prédominance se nourrit en outre de l'état de faiblesse dans lequel se trouvent sur le plan national les autres formations politiques, à l'exception du Rassemblement national et, peut-être, des Verts.

D'où provient alors l'impression de vide que procure cette formation nouvelle ? Elle tient d'abord à la position très particulière de son chef réel qui, plutôt que de s'appuyer sur le corps même du mouvement, le surplombe, depuis le sommet de l'État. Certes, depuis décembre 2018, le dirigeant officiel de LREM est Stanislas Guerini. Mais on admettra que ni sa notoriété ni la liberté d'action qui lui est consentie ne lui confèrent une visibilité et un poids marquants.

Cette situation contraste fortement avec celle dont nous avions l'expérience au Parti socialiste où les premiers secrétaires étaient élus et incarnaient leur parti avec indépendance. Quand un président ou un Premier ministre émanant du Parti socialiste exerçait les responsabilités d'État, le ou la responsable du parti avait assez de légitimité et d'autorité pour jouer son rôle et se faire entendre.

Si le titre officiel de Stanislas Guerini est celui de délégué général (« délégué » veut tout dire), en fait le chef de LREM est le président de la République lui-même. Entendons-nous bien. Il est normal que les adhérents de ce mouvement regardent Emmanuel Macron comme leur leader politique. Ils ont participé à une aventure commune dont il a été l'initiateur, il les a conduits au succès. Un lien de fidélité unissait aussi les militants socialistes à François Mitterrand après sa victoire quand j'étais le premier secrétaire du Parti socialiste. Mais s'il était le leader politique, je dirigeais librement le parti, entouré d'une direction collective et élue. François Mitterrand ne régnait pas sur le Parti socialiste de l'extérieur. Il donnait sa position et respectait nos instances. Il agissait ainsi parce qu'il observait nos règles communes mais tout autant – j'y insiste – parce qu'il jugeait nécessaire que l'État et le parti majoritaire soient séparés. D'un point de vue républicain, il est néfaste qu'ils fusionnent aujourd'hui.

On sait assez peu de choses sur le fonctionnement de LREM, le rôle de ses instances, l'existence ou non de discussions en son sein et la faculté qu'ont ses adhérents de se faire entendre. À l'Assemblée nationale, on perçoit des débats et on devine des différences, voire désormais des divergences, au sein du groupe parlementaire LREM. L'adoption des lois impose des votes formels, le droit d'amendement existe et le Palais-Bourbon travaille dans la lumière. Mais la vie interne du mouvement lui-même semble délibérément maintenue dans l'ombre. Ce n'est pas qu'il faille souhaiter à LREM une vie partisane agitée. Je sais trop combien l'excès des controverses peut nuire aux organisations démocratiques. Mais une chose est de parer aux risques éventuels de la pluralité (les querelles intérieures et les conflits publics), une autre est de s'affranchir délibérément des principes et des règles qui fondent le pluralisme.

En l'occurrence, à LREM, le principe cardinal de la démocratie, c'est-à-dire l'élection libre, n'a pas cours. La culture de la verticalité, déjà à l'œuvre dans la relation du pouvoir à la société, domine ce mouvement. Et, là aussi, tout descend d'en haut et rien ne vient d'en bas. Sur les centaines de membres (le nombre exact n'est pas précisé) du conseil de LREM, 25 % seulement sont des adhérents, non élus mais tirés au sort. Les autres sont membres de droit, parlementaires ou représentants de collectivités. Quant au bureau exécutif, l'organe de direction du mouvement, si vingt de ses membres sont élus par le conseil, les dix autres sont cooptés par les vingt premiers. Le bureau désigne lui-même en son sein les délégués nationaux thématiques. Le tirage au sort, la cooptation et la nomination remplacent l'élection.

L'élection n'est même pas pratiquée pour le choix des candidats LREM… aux élections, contrairement à l'usage dans les formations politiques démocratiques où les candidats sont choisis par les adhérents (dans la circonscription concernée). Pour les élections législatives de 2017 par exemple, les candidats de LREM ont été désignés par une commission électorale centrale composée par Emmanuel Macron. Le caractère tout récent du mouvement justifiait, disait-on – curieusement d'ailleurs –, ces nominations d'en haut. Mais trois ans plus tard, la pratique reste la même. Une commission nationale d'investiture de seize membres a désigné les têtes de liste aux élections municipales sans que les adhérents dans les communes puissent se prononcer. On a estimé peut-être que, dégagés du devoir de cotiser, ils pouvaient être dispensés aussi du droit de choisir. On a vu d'ailleurs, à Paris et dans d'autres villes, que cette façon de faire commençait à indisposer les adhérents et à provoquer des dissidences. Mais, à lire les nouveaux statuts de LREM votés récemment, une commission d'investiture, instituée avant chaque élection nationale, continuera de désigner d'en haut les candidats aux futures élections.

Le mouvement qui proclamait son ambition de rénover la vie politique française applique des méthodes internes qui relèvent du « centralisme démocratique » jadis en usage dans les partis communistes, pour ne pas dire qu'elles s'inspirent de la pratique bonapartiste. En tout cas, sous le double effet de la confusion entre l'État et le parti majoritaire et de la substitution de la désignation à l'élection s'opère ici à bas bruit une régression de la démocratie au sein de la République.

Mouvement sans passé, LREM semble sans mémoire. Pour nombre de ses adhérents et certains élus, cette absence de mémoire politique résulte de leur engagement récent, né de la candidature d'Emmanuel Macron à la présidence. Pour autant, tous les responsables et adhérents de ce mouvement ne sont pas de jeunes adeptes. Certains ont derrière eux des militantismes ou des carrières à gauche, au centre ou à droite. Leurs mémoires devraient avoir voyagé avec eux. Confrontées entre elles, elles auraient pu contribuer à une synthèse originale. Mais non, c'est l'amnésie qui prévaut. Du passé on fait table rase, car tout commence avec le chef.

Dans ces conditions, LREM n'a pas d'autre image que celle de son leader. Le rejet du « monde ancien » peut servir de viatique le temps d'une conquête. Mais le ressassement de cette rhétorique tourne à vide, une fois le pouvoir conquis, lorsqu'on devient comptable de ses propres actes, si l'on a du mal à proposer une vision de la société et une philosophie de la vie en commun qui fassent sens pour tous. Le mouvement LREM semble fuir en son sein les débats de fond et se borne à gérer, et s'il le peut à étendre, son capital électoral comme s'il était le produit, sur un autre terrain, de la logique entrepreneuriale en vogue dans ses rangs. D'où sa difficulté à se doter d'une pensée propre à le constituer comme force politique autonome.

En outre, ce mouvement ne semble pas s'être véritablement organisé ni implanté. En l'absence de structures départementales et locales élues et visibles, il apparaît sans présence tangible dans le pays. Ses membres sont, semble-t-il, peu nombreux à participer aux comités locaux faits pour les accueillir. Sachant qu'on adhère à LREM d'un clic, il est significatif qu'à peine 5 % des adhérents aient voté dernièrement pour la réforme des statuts du mouvement. Une force politique aussi peu charpentée et si faiblement inscrite dans le territoire national pourra-t-elle survivre à son créateur et stabiliser durablement un système politique français aujourd'hui ébranlé ? Le premier tour des élections municipales a montré en tout cas qu'elle avait du mal à prendre racine.

D'autant que la base sociale du macronisme est étroite. Selon les enquêtes sociologiques, ses électeurs viennent principalement des milieux aisés, diplômés et confiants dans l'avenir. Ils sont aptes à jouer un rôle d'entraînement, mais force est de constater que l'intérêt pour ce mouvement politique est faible chez les ouvriers, les employés et dans tous les milieux modestes. Cela n'incite pas le parti présidentiel à prendre en compte les préoccupations des classes populaires et à mener une politique économique et sociale plus équilibrée. Ce serait pourtant nécessaire face à la menace que représente le Rassemblement national.

Le Rassemblement national ou l'occasion de gagner

L'extrême droite française s'est longtemps placée elle-même à la marge du système politique. Elle s'en flattait et les Français la préféraient là. La situation est en train de changer. Le Front national, rebaptisé depuis deux ans Rassemblement national, dont la nature a longuement été discutée (fasciste ou non ?), a toujours été un parti dangereux par ses orientations. S'il a été jadis marginal, il y a beau temps qu'il ne l'est plus. Au point que certains le voient frapper à la porte du pouvoir.

Sur la question du rapport au fascisme, il m'a toujours semblé aventureux d'assimiler à des régimes dictatoriaux, instaurés par la violence, après la Première Guerre mondiale ou la crise des années 1930 (fascisme italien, nazisme allemand, franquisme espagnol), un parti de droite extrême candidat au pouvoir par des voies légales dans une démocratie.

Si le nationalisme, la croyance en un leader providentiel incarnant le peuple, la promesse de l'ordre, le désir d'un État fort et la xénophobie sont communs à ces régimes et au Rassemblement national, deux traits essentiels du fascisme sont absents de la doctrine et de la pratique du Rassemblement national (et déjà de son prédécesseur, le Front national) : l'appel et le recours à la violence armée comme moyen de la conquête politique, la conception totalitaire du pouvoir et de la société. Le Rassemblement national, quels que soient les actes violents et isolés commis par des individus qui gravitent autour de lui, ne préconise pas l'insurrection et il proclame son respect des institutions républicaines. S'il ne fait pas de doute que sa pratique hypothétique du pouvoir serait autoritaire et potentiellement dangereuse pour les libertés, il ne se réfère pas au totalitarisme au sens où le pouvoir politique serait détenu par un parti unique (celui du chef proclamé) et la société conçue comme un bloc au sein duquel s'effaceraient les individus.

Rétrospectivement, touchant l'usage de la violence et la nature de l'État, nous ne pouvons pas savoir comment se serait déterminé le lieutenant parachutiste et député poujadiste Jean-Marie Le Pen si les officiers factieux d'avril 1961 avaient, depuis l'Algérie, propagé leur putsch en France en abattant de Gaulle, physiquement ou politiquement. Ils échouèrent grâce à la détermination du chef de l'État, à la mobilisation des soldats du contingent et à l'opposition des Français et de leurs partis.

Une décennie plus tard, au moment de la création du Front national, en octobre 1972, à l'instigation d'Ordre nouveau, groupuscule extrémiste qui avait offert à Jean-Marie Le Pen la présidence de ce mouvement naissant pour le mener vers la voie électorale, la question de ses modes d'action et de la référence au fascisme pouvait encore se poser. Les dirigeants d'Ordre nouveau, qui siégeront un temps à la direction du Front national, tels François Brigneau, Alain Robert ou François Duprat, se réclamaient de l'héritage fasciste et cultivaient le langage et souvent les rites de la violence.

Jean-Marie Le Pen, dans des gestes plus privés que publics, ne renia jamais ces premiers et sulfureux compagnons, pas plus qu'il ne rompit avec l'écrivain négationniste qui se proclamait « fasciste », Maurice Bardèche, ou encore avec tel ami ancien de la Waffen SS. Son ambiguïté à l'égard de la réalité des camps de la mort nazis, son indulgence pour le Pétain de Vichy, ses provocations verbales révélatrices de sa nature profonde étaient des manières de garder des liens avec la matrice initiale de son mouvement et avec les différentes chapelles de l'extrême droite. Toutefois, dans la vie politique officielle, le président du Front national éloigna progressivement son parti de ces anciens rivages.

Cet effort d'acclimatation au monde démocratique et à ses règles ne fut pas immédiatement efficace. Le Front national resta pendant toutes les années 1970 une formation politique véhémente et marginale. Le score infime de Jean-Marie Le Pen à l'élection présidentielle de 1974 en témoigna (0,75 %). Le leader avait néanmoins imposé sa présence et inscrit son parti dans la vie politique du pays. Il dirigeait une organisation d'extrême droite anticommuniste, nationaliste, traditionaliste, groupée autour d'un chef au verbe haut, tout à la fois partie prenante et détractrice du système politique français. Comment ce mouvement protestataire actif mais électoralement mineur a-t-il pu devenir la formation politique importante qu'il est aujourd'hui ?

La fortune du Front national change, dans les années 1980, quand la situation française et internationale elle-même se transforme, sur plusieurs plans. La victoire de François Mitterrand à l'élection présidentielle de 1981 et l'accession de la gauche (avec des communistes) au pouvoir d'État, les mesures spectaculaires prises par le gouvernement, comme l'abolition de la peine de mort et les nationalisations, provoquent un effet de radicalisation à droite où certains deviennent plus indulgents à l'égard du Front national. En 1986, la formation lepéniste obtient, grâce à la proportionnelle (instaurée par la gauche pour freiner le succès attendu de la droite classique), trente-cinq députés à l'Assemblée nationale et bénéficie d'une tribune nouvelle. Dans le même temps, la chute de l'emploi provoquée par la fin du charbon et par les crises d'une sidérurgie et d'une industrie textile touchées de plein fouet par la concurrence des pays à bas salaires commence à déstabiliser les bastions ouvriers du nord et de l'est de la France. Le Front national exploite ces processus destructeurs et amplifie son hostilité à l'immigration qu'il accuse, à tort, d'être la cause du chômage. Lors de l'élection présidentielle qui reconduit François Mitterrand à la tête de l'État en 1988, Jean-Marie Le Pen, qui n'avait pu se présenter en 1981 faute des signatures nécessaires, obtient cette fois 14,38 % des suffrages exprimés.

À l'aube des années 1990 survient la chute du mur de Berlin, le 9 novembre 1989, soixante-douze ans après la révolution d'octobre 1917. Elle entraîne la dislocation de l'Union soviétique, l'indépendance successive des anciennes républiques fédérées et la disparition totale du communisme étatique dans les anciennes démocraties populaires. Alors qu'en France le parti communiste est déjà en déclin, le Front national voit disparaître son ennemi de toujours, le communisme.

Le parti frontiste aurait pu s'en trouver désorienté. Il sait au contraire tirer d'opportunes leçons de la circonstance et réorienter son discours. Tant qu'il a été dominé par l'anticommunisme, le Front national s'est montré – on l'a oublié aujourd'hui – atlantiste en politique internationale et libéral en économie. Il s'est situé en somme à la droite de la droite. Bientôt, il va accentuer sa posture nationaliste, critiquer plus durement l'Europe communautaire, pourfendre la mondialisation libérale et colorer d'interventionnisme étatique et de promesses sociales ses programmes électoraux. Il le fait avec d'autant plus d'aplomb qu'il sait ne pas avoir à les mettre en œuvre. Ce tournant sera accentué en 2010 quand Marine Le Pen succédera à son père à la tête d'un parti qui reste une affaire familiale.

Dans les années 1990-2000, le Front national progresse, conquiert des municipalités significatives, en particulier dans le Sud méditerranéen, remporte des succès aux élections européennes, sans dépasser un certain niveau lors des élections présidentielles. Lorsqu'il atteint 16,86 %, le 21 avril 2002, ce score ne représente qu'une progression de deux points et demi par rapport à celui de 1995, et son candidat doit à l'extrême division de la gauche d'accéder au second tour. En 2007, Jean-Marie Le Pen est devancé par Ségolène Royal et Nicolas Sarkozy. Son résultat est alors plus faible (10,44 %), et il chute aux élections législatives (4,3 %). Le Front national semble presque revenu à son point de départ.

Le rebond se produit pourtant à partir de 2012. Marine Le Pen a choisi une stratégie de « dédiabolisation » et de crédibilisation du mouvement qu'elle dirige. Elle se garde des déclarations provocatrices et des propos ambigus sur l'antisémitisme. En 2015, Jean-Marie Le Pen est même exclu par sa fille du parti qu'il a fondé. Après avoir porté le score du Front national jusqu'à 17,9 % à l'élection présidentielle de 2012, Marine Le Pen amplifie la révision idéologique de la ligne du Front national, désormais plus ouverte en matière de mœurs et plus prudente dans la critique de l'Union européenne. La promesse du retour au franc est oubliée. La dénonciation de la mondialisation se renforce, les références au protectionnisme et à l'intervention de l'État deviennent plus nombreuses et le programme économique et social est gauchi (âge légal de la retraite fixé à soixante ans, augmentation des salaires proches du SMIC, évocation d'une nationalisation temporaire des banques). Comme pour rassurer, le Rassemblement national multiplie les professions de foi républicaines. Mais le discours anti-immigration reste au cœur du programme.

Alors que le parti communiste a perdu les moyens de faire entendre sa défense du monde ouvrier et que les socialistes, lors du quinquennat de François Hollande, infléchissent leur politique dans un sens libéral, le champ s'ouvre davantage au Rassemblement national dans les milieux populaires. La progression en sa faveur du vote des ouvriers, des employés et des jeunes l'atteste. En 2017, Marine Le Pen obtient près de 34 % au second tour de la présidentielle, son parti confirmant sa forte implantation dans le pays. Ira-t-il plus loin ? Si la politique actuelle échoue et si le président déçoit, les autres partis ne se redressant pas, il n'est plus exclu qu'une occasion de gagner soit offerte au Rassemblement national.

3

Hypothèses

À deux ans de la prochaine élection présidentielle, il serait présomptueux d'anticiper quelle sera alors la situation. Tout juste peut-on, alerté par les surprises de 2002 et de 2017, émettre des hypothèses.

On peut imaginer que, plus ouvert au dialogue et répondant mieux aux attentes du pays, le président rétablisse la confiance. À supposer que sa politique libérale produise certains résultats tangibles, il pourrait se maintenir au pouvoir en 2022. En revanche, en cas d'échec de sa politique, on aurait affaire à un autre scénario.

Aujourd'hui, la croissance reste faible en France et l'équilibre des comptes publics n'a pas été rétabli. C'est pourquoi la politique économique la mieux adaptée à la conjoncture n'est pas aisée à déterminer pour le gouvernement. Si de nouveaux efforts devaient être demandés au pays, la question de leur répartition entre les groupes sociaux deviendrait cruciale. D'autant plus que les signes d'alerte sur le rythme de l'activité mondiale et sur les fragilités du système financier se multiplient. Dans un contexte global moins favorable, face au creusement des inégalités et au malaise démocratique, des tensions encore plus fortes pourraient se produire et le rendez-vous présidentiel deviendrait plus incertain. Néanmoins, si le gouvernement et le parti majoritaire gardaient leur cohésion et si l'opposition de droite ou de gauche restait faible, le Rassemblement national étant endigué, le président Macron serait réélu, moins largement que la première fois.

Or, sans établir ce fait en loi, on sait que les seconds mandats de nos présidents n'ont pas été les plus harmonieux ni les plus féconds. Le général de Gaulle et François Mitterrand avaient accompli, lors de leur premier septennat, l'essentiel de ce pour quoi ils étaient venus au pouvoir. Le premier a fait la paix en Algérie, restauré l'État, affirmé l'indépendance de la France et substitué à la IVe République une Ve République conforme à ses conceptions institutionnelles. Le second a réalisé l'alternance et, sans « changer la vie », a démontré que la gauche savait gouverner ; il a inscrit dans la durée quelques grandes réformes : l'abolition de la peine de mort ou la décentralisation, par exemple.

Pour ces deux chefs d'État, le second mandat fut moins favorable. Propices à l'élan initial, les atouts du régime de la Ve République (un président légitime élu directement par le peuple et une majorité parlementaire généralement solide issue des législatives) cessaient de masquer ses défauts (isolement du président, usure du pouvoir personnel). Le général de Gaulle est confronté à la révolte étudiante et sociale de 1968 et renonce au pouvoir en 1969, après le rejet du référendum qu'il avait demandé aux Français d'approuver. François Mitterrand voit sa présidence, traversée de turbulences, déboucher sur une sévère défaite législative en 1993 et s'achever sur une cohabitation digne et résignée.

Si Emmanuel Macron était réélu sans l'aisance de la première fois, son quinquennat ouvrirait peut-être des temps difficiles. Surtout si le parti majoritaire demeurait aussi fragile et peu implanté qu'il l'est aujourd'hui. Suffirait-il de compter sur la solidité des institutions et le caractère bien trempé du président ? Il resterait à l'espérer.

On ne peut pas écarter l'hypothèse plus grave d'une victoire du Rassemblement national à l'élection présidentielle de 2022. Si ce scénario n'est pas aujourd'hui probable, il serait léger de le croire impossible. De fait, depuis 2017, les intentions de vote pour le parti d'extrême droite n'ont pas décliné.

On peut dès lors s'inquiéter de la stratégie politique que poursuit le président de la République. En s'acharnant à réduire l'influence des anciens partis (de gauche et de droite) pour mieux installer le Rassemblement national comme son opposant exclusif, il rompt avec l'attitude républicaine adoptée par tous ses devanciers : maintenir l'extrême droite à la marge du système politique. Emmanuel Macron a retourné cette logique. En polarisant la vie politique française autour d'une confrontation entre lui et le Rassemblement national, il place ce mouvement au centre de la scène et lui confère imprudemment la figure de l'alternance. Sans doute le président pense-t-il rejouer en 2022 le duel de 2017. Ayant écarté au premier tour ses concurrents éprouvés, il pourrait terrasser au second l'adversaire réprouvé. Mais une telle stratégie est dangereuse. Comme l'ont montré les victoires politiques remportées par plusieurs partis extrémistes de droite dans l'ancienne Europe communiste, puis il y a peu en Italie même, placer délibérément de tels groupes au cœur du débat politique conduit à la levée de tabous et rend pensable leur accès au pouvoir d'État.

La France n'est pas par essence prémunie contre une telle mésaventure. Notre histoire a connu des moments de trouble lors desquels nos compatriotes, séduits ou résignés, s'en sont remis à des chefs autoritaires. Deux empires et le régime de Vichy sous l'Occupation en témoignent. N'oublions pas non plus que l'alternance est au principe de la démocratie. Un peuple rétif comme le nôtre, gravement insatisfait de la politique suivie, irrité contre celui qui l'incarne, pourrait, qui sait, face à une carte forcée, saisir l'autre, celle qu'on veut lui interdire de prendre. Il serait grave de jouer avec ce risque.

Un dernier scénario aujourd'hui peu probable reste à évoquer : celui où les partis de droite ou de gauche recouvreraient assez de force pour redevenir des acteurs majeurs et potentiellement victorieux de la prochaine élection présidentielle. Pour les Républicains, cela ne semblait pas impossible au vu du score de leur candidat en 2017. Ils disposaient dans le pays d'une assise sociologique stable et d'une base électorale plutôt fidèle. Si leur effondrement aux élections européennes semblait avoir changé la donne, les indications du scrutin municipal avorté leur ont été plus favorables. Reconstituer pour 2022 une force politique cohérente sur une ligne rassemblant leurs leaders et leurs électeurs traditionnels derrière un candidat doté d'une stature présidentielle, c'est la tâche qui revient aux Républicains.

Le défi à relever est plus grand encore pour la gauche. Si elle se rassemblait autour d'un candidat unique, sa chance d'accéder au second tour serait réelle, la victoire ne lui étant pas interdite. Après tout, Emmanuel Macron a été élu en 2017 après n'avoir réuni que 24 % des suffrages exprimés au premier tour. L'union autour d'un seul candidat de la gauche et des écologistes peut sembler aujourd'hui chimérique. Les formations qui composent cet univers jadis uni se querellent et leurs leaders s'ignorent. Pourtant si, à la veille de la prochaine présidentielle, il apparaissait que les Français hésitent à réélire l'actuel président, leur responsabilité, face au risque représenté par le Rassemblement national, deviendrait écrasante. Sans rodomontades, sans timidité, hors du splendide isolement, leur devoir serait de s'entendre pour proposer une alternative à l'actuel face-à-face politique français. Si ce sursaut ne se produit pas dans le temps court qui nous sépare de l'élection présidentielle, il resterait aux socialistes, après avoir entrepris une telle démarche, le devoir de reconstruire patiemment et résolument une force conséquente pour des temps plus propices.

J'ai observé la séquence politique ouverte en France en 2017 et donné mon sentiment sur la situation actuelle. Je me suis risqué à évoquer des hypothèses pour 2022, sans vouloir prophétiser. Au-delà, j'ajouterai quelques réflexions sur des questions à mon sens incontournables dans les temps qui viennent et qui lient la vie intérieure des États (dont le nôtre) et la réalité internationale. J'en retiendrai trois : la confrontation entre les démocraties et les despotismes, les nations face aux flux migratoires et l'expansion de l'homme dans le contexte du dérèglement climatique.

QUATRIÈME PARTIE

Trois confrontations

1

Démocraties et despotismes

Les démocraties, à la différence des pouvoirs politiques exercés par un seul ou par quelques-uns, ont pour principe le gouvernement du peuple par le peuple. Les citoyens dans leur ensemble, chacun ayant sa part, sont les dépositaires de la souveraineté et la source du pouvoir. Ils exercent cette souveraineté directement, soit en s'assemblant s'ils sont peu nombreux, soit par référendum, mais le plus souvent indirectement en la confiant à des représentants qu'ils élisent.

Dans la construction démocratique, l'adhésion des gouvernés aux gouvernants et à leur action est donnée librement, à l'inverse des autocraties qui exigent l'obéissance en s'appuyant sur la crainte. Les citoyens disposent de droits politiques tandis qu'ils partagent avec les résidents étrangers des libertés individuelles et des droits collectifs. De la liberté découlent le pluralisme des opinions, le droit à la critique et la conscience du caractère ouvert et toujours inachevé du projet démocratique.

J'oppose ici les démocraties aux despotismes. J'aurais pu parler d'« autocraties » mais le mot « despotisme », plus englobant, rend mieux compte à mon sens des formes que prennent aujourd'hui les pouvoirs coercitifs qui se soudent autour d'un homme qui les domine. La figure du despote peut naître dans un régime autoritaire (c'est le cas de Vladimir Poutine) comme sous une dictature (à l'image de Xi Jinping).

Pour le sinologue et politologue Karl August Wittfogel, qui publia *Le Despotisme oriental* en 1957, ce despotisme était une structure politique centralisée dans laquelle s'affirmait le pouvoir total d'un homme à même de rassembler des masses pour réaliser de grands travaux principalement hydrauliques (barrages, irrigation). Cette catégorie historique s'appliquait selon lui aussi bien à l'Égypte pharaonique qu'à la Chine impériale ou à l'Union soviétique de Staline.

Pour les Européens, le despotisme était, chez Montesquieu par exemple, la tyrannie exercée par un seul, en dehors des lois et des règles. Mais il y avait la figure du « despote éclairé » qui, selon Voltaire, était un monarque guidé par les lumières de la raison. D'entrée de jeu apparaît l'ambivalence de la notion de despotisme.

Aujourd'hui, qu'il prenne la forme d'une dictature ou qu'il s'inscrive dans un régime autoritaire, le despotisme ne doit pas seulement être regardé comme un type de pouvoir dominé par un homme et ignorant la séparation des pouvoirs, exécutif, législatif et judiciaire. C'est aussi un type de rapport entre l'État et la société qui interdit ou borne sévèrement les libertés individuelles et collectives. C'est un régime où les dirigeants, excluant l'alternance, se perpétuent au pouvoir, par tous moyens.

Certes, la vie internationale et le destin des sociétés ne se réduisent pas à un face-à-face entre démocraties et despotismes. Il y a les relations d'État à État. Et puis, l'activité économique, les échanges entre les hommes, leur besoin de consommer ou simplement leur espoir de survivre, leur désir de créer, les cheminements individuels tout comme les relations familiales et sociales s'accomplissent, avec plus ou moins de bonheur, sous tous les régimes politiques. Au-delà des régimes, les cultures, les religions, les mœurs diffèrent selon les pays. Mais tout cela n'est pas vécu de la même manière selon la nature des pouvoirs. D'où l'intérêt de les distinguer. Cette confrontation entre démocratie et despotisme fait sens même si, dans la mondialisation, États et entreprises échangent plus que jamais, quels que soient leur régime et leur statut. En effet, leur opposition est désormais revendiquée symétriquement dans la vie internationale comme sur les scènes politiques intérieures.

Les régimes despotiques, nombreux dans le monde, ne sont pas identiques. Une théocratie n'est pas un simple pouvoir de fait. Un régime autoritaire doit être distingué d'une dictature. Mais mon propos n'est pas de dresser un inventaire. J'insisterai sur deux d'entre eux, ceux de la Russie et de la Chine, en raison du poids des deux pays et du rôle que leurs dirigeants assument désormais dans la confrontation idéologique. Pourtant, il y a trente ans, beaucoup pensaient que les démocraties allaient s'installer partout.

L'offensive du « monde libre »

Ce qu'on a longtemps appelé le « monde libre » a le premier conduit l'offensive idéologique. Après la chute du mur de Berlin et la dislocation de l'URSS en 1990 et 1991, nombre de responsables occidentaux, au premier rang d'entre eux les dirigeants des États-Unis, étaient convaincus d'avoir remporté sur leur ennemi d'hier non seulement une victoire stratégique mais aussi un succès politique et idéologique. Ils ont cru que, les économies administrées s'effondrant et les formes capitalistes de marché et de profit s'engouffrant dans des territoires qui leur étaient autrefois fermés, les libertés politiques et l'État de droit accompagneraient ce basculement économique. Le lien entre la liberté économique et la liberté politique leur semblait aller de soi et d'ailleurs il s'instaurait dans les États d'Europe centrale et orientale. Affranchis de la double tutelle russe et communiste, à des degrés divers et pour assurer leur protection, ces pays ont aspiré à se rattacher librement à un nouvel ensemble fondé sur un tout autre modèle : l'Union européenne, démocratique. La Russie, seconde puissance mondiale de l'après-guerre, n'a pas suivi le même chemin.

La brutalité de la « thérapie de choc » par laquelle le capitalisme s'est introduit dans l'économie de la Russie post-soviétique, la paupérisation qui en a résulté, le sentiment d'humiliation suscité chez les Russes par la disparition de leur univers impérial, l'absence d'une culture et d'organisations démocratiques aptes à s'opposer à l'ancienne tradition autocratique prolongée par les choix autoritaires des nouveaux dirigeants ont rapidement effacé l'illusion que la Russie allait se convertir en un même mouvement au capitalisme libéral et à la démocratie.

Quant à la Chine, lancée dans son grand rattrapage économique, inondant le monde de ses marchandises produites à bas coûts, adoptant la technologie occidentale, elle importait la logique et les méthodes capitalistes mais les maintenait sous l'étroite tutelle de l'État. Ses dirigeants autoproclamés, héritiers détrompés de la terrible période maoïste, ont eu pour premier souci, outre la grandeur de leur pays, de sauvegarder le parti communiste comme armature du pays et garant de leur pouvoir exclusif. Ils ont conservé la vision que nous avait exposée clairement à Pékin le président Deng Xiaoping lors de la visite de François Mitterrand en février 1981 : la Chine réformerait son modèle économique, sous le strict contrôle du parti communiste, sans changer son système politique.

Huit ans plus tard, en juin 1989, peu avant la chute du mur de Berlin, ses dirigeants, avec l'accord de Deng Xiaoping, écraseront par la force sur la place Tien'anmen l'aspiration à la liberté de la jeunesse chinoise. Le secrétaire général du parti, Zhao Ziyang, qui avait accepté de parlementer avec les étudiants, sera destitué. Après coup, la disparition du communisme d'État en Europe et la dissolution de l'Union soviétique justifieront aux yeux des dirigeants chinois la perpétuation de leur choix initial. Ce qui se passe à Hong Kong aujourd'hui laisse pourtant penser, malgré la situation particulière du territoire, que la question démocratique n'est qu'étouffée en Chine. En tout cas, ni l'adoption de la logique capitaliste ni l'entrée de la puissance chinoise dans la mondialisation n'ont comblé l'espoir des Occidentaux de voir cet immense pays se rapprocher des normes qui sont les leurs. La thèse selon laquelle l'empire du Milieu ne pouvait être dirigé que par un pouvoir sans partage a prévalu. Jusqu'ici.

Le « combat » pour la liberté, les « printemps arabes »

Au tournant du siècle, les États-Unis et certains pays occidentaux ont cru que, face à des protagonistes moins consistants et plus instables, par exemple au Proche-Orient, ils pourraient reprendre leur « croisade pour la liberté ».

Étant moi-même au gouvernement lors de certaines des opérations engagées dans des pays qui ne nous l'avaient pas demandé, je crois utile de les distinguer. Car la position adoptée selon les cas par la France n'a pas été identique. L'une de ces interventions ne s'est d'ailleurs pas située au Proche-Orient mais en Europe.

En 1998-1999, j'étais Premier ministre quand une épuration ethnique a été entamée au Kosovo par le gouvernement de Milošević. Elle réveillait les souvenirs tragiques des exactions perpétrées lors des guerres consécutives à la désintégration de la Yougoslavie. Membre d'une coalition conduite par les États-Unis, alors que les veto russe et chinois bloquaient l'ONU, nous avons pris notre part des frappes aériennes qui ont fait plier les autorités serbes.

Dans les mois précédant le déclenchement des frappes, la diplomatie française, avec Hubert Védrine, avait déployé tous ses efforts pour que la crise soit résolue pacifiquement. Nous avions organisé des conférences diplomatiques, à Paris et à Rambouillet, avec les divers protagonistes, pour sauver la paix. L'intransigeance des Serbes, décidés à imposer à tous le fait accompli, et la réticence des Russes à les presser d'accepter une solution négociée n'ont pas permis à cette tentative d'aboutir. Sauf à se résigner à une nouvelle tragédie humaine dans les Balkans, en Europe même, il ne restait plus qu'à intervenir militairement.

Quand l'opération a été déclenchée par la coalition, nos avions n'ont frappé que les cibles présentant le moins de risques possible pour les populations civiles, en particulier dans Belgrade. À l'époque, tout en étant membre de l'Alliance atlantique, notre pays n'avait pas rejoint l'organisation militaire intégrée de l'OTAN car, devenu Premier ministre, j'avais refusé cette réintégration au président Chirac qui la préparait, revenant ainsi sur la décision historique de sortie prise par de Gaulle en 1966. Elle sera malheureusement opérée plus tard par le président Sarkozy. La France conservait à mon époque son autonomie stratégique, même dans les conflits conventionnels. L'intervention, strictement aérienne, de la coalition conduisit Milošević à capituler et permit d'éviter le drame.

En 2001, face aux attentats du 11 septembre aux États-Unis perpétrés par al-Qaida, par solidarité avec notre allié nous avons participé à l'offensive menée en Afghanistan contre le sanctuaire d'Oussama Ben Laden et le régime des talibans. Mais, une fois la victoire remportée, notre présence sur le terrain s'est limitée à la sécurisation de notre ambassade et du siège des Nations unies à Kaboul. Nous ne sommes pas entrés dans l'engrenage d'une présence militaire permanente. Je souligne que, lors du conflit du Kosovo comme en Afghanistan, les décisions prises l'ont été en plein accord entre la présidence de la République et mon gouvernement.

En 2003, lorsque les États-Unis et le Royaume-Uni ont décidé la seconde guerre du Golfe et, appuyés par une coalition, ont balayé militairement le régime de Saddam Hussein, je n'étais plus aux responsabilités. Y aurais-je été que, comme le décida le président Jacques Chirac, je n'aurais pas engagé la France dans cette opération. Cette intervention était différente de celle de 1991 à laquelle j'avais été associé comme ministre d'État prenant part aux conseils de Défense présidés par François Mitterrand. La participation de la France à la première guerre du Golfe était fondée. Car l'Irak avait alors annexé par la force le Koweït, un État membre des Nations unies, s'était emparé de champs pétrolifères majeurs et se montrait agressif et conquérant dans sa région. C'est d'ailleurs sous l'égide des Nations unies – la Russie et la Chine n'ayant pas cette fois opposé leur veto – qu'une coalition de trente-cinq États conduite par les États-Unis a libéré le Koweït et défait militairement l'Irak, sans faire tomber son régime.

En revanche, l'opération américaine et anglaise de 2003, officiellement justifiée par la nécessité d'anéantir les armes de destruction massive dont aurait disposé Saddam Hussein, n'était pas légitime. Nos services nous permettaient de douter que de telles armes fussent présentes sur le sol irakien. D'ailleurs, une fois la victoire remportée, on eut les preuves que ces armes n'existaient pas. Le régime détestable de Saddam Hussein fut détruit. Mais le motif fallacieux de l'intervention, les conditions dans lesquelles la paix fut établie et l'équilibre politique et religieux instable qui en résulta eurent pour conséquence, avec la naissance et l'extension du mouvement autoproclamé État islamique, le flamboiement du terrorisme dans la région et la multiplication de ses attaques dans le monde, y compris dans des pays européens.

L'illusion américaine, sous la présidence de George W. Bush, de changer des régimes par les armes (*regime change*) pour installer la démocratie (*nation building*) et ainsi stabiliser le Proche-Orient a débouché sur une instabilité accrue et même, dans certains pays, sur le chaos. On ne pouvait évidemment pas y faire naître la démocratie par les armes.

Toutefois, à la fin de 2010, on a pu mesurer que l'aspiration à la liberté dans ces régions n'était pas seulement la projection d'un fantasme occidental. Elle pouvait jaillir ailleurs, portée par la jeunesse, au sein de peuples opprimés. Après leur émergence au mois de décembre en Tunisie, les « printemps arabes » prennent la forme d'une série de mouvements populaires, initialement pacifiques, qui traversent l'Égypte, la Libye, le Bahreïn, le Yémen et la Syrie. Les manifestants réclament le départ des dictateurs ou des dirigeants autoritaires, les libertés publiques, des mesures contre la corruption et une meilleure répartition des richesses.

On sait ce qu'il advint. Seule la Tunisie a conquis et conservé un régime pluraliste, même si la démocratie y reste fragile. En Égypte, le président Moubarak a été écarté. Mais les élections ont assuré la victoire d'un président islamique, bientôt renversé par un coup d'État militaire. En Libye, une guerre intérieure a opposé les forces fidèles au régime à celles des insurgés. Une intervention militaire sous l'égide de l'ONU – à laquelle la France participa – aboutit à la défaite et à la mort de Mouammar Kadhafi. Mais des conflits guerriers et des luttes pour le pouvoir se perpétuent dans le pays et l'espace sahélien est déstabilisé. Au Bahreïn, le mouvement a été étouffé par l'intervention des monarchies du Golfe. Au Yémen, une guerre civile s'est transformée, après l'intervention armée de l'Arabie saoudite, en un conflit avec l'Iran, par milices interposées. En Syrie, le refus féroce opposé par Bachar el-Assad et son clan à l'évolution politique réclamée pacifiquement par la population, puis la violence inhumaine perpétrée par Daech s'engageant dans le champ de bataille ont conduit à une guerre civile longue et dévastatrice. L'intervention opiniâtre de la Russie face aux hésitations américaines et européennes l'a fait tourner en faveur du dictateur en place.

La Syrie a été ravagée, la Russie apportant son concours à cette dévastation.

Autant dire que le rêve du remodelage (*reshaping*) au Proche-Orient et le prosélytisme démocratique qui animaient le gouvernement américain et quelques autres pays occidentaux étaient chimériques. La présidence Trump, quant à elle, est celle du chacun pour soi pour rétablir la puissance américaine, par les voies de l'unilatéralisme. Au découragement et souvent au désespoir des hommes et des femmes qui avaient cru aux « printemps arabes » répond le désabusement des opinions en Occident. Le temps n'est plus au lyrisme mais à un réalisme teinté de cynisme. Le débat entre l'esprit de liberté et l'arrogance despotique n'est cependant pas clos. Des mouvements d'émancipation se sont à nouveau produits au Liban, en Irak, en Iran et, avec force, en Algérie.

La réplique des autocraties

Au lendemain de la dislocation de l'URSS, la Russie et la Chine se sont tenues sur la réserve, ou la défensive. Les dirigeants russes ont liquidé d'un trait l'économie collectiviste et emprunté soudainement l'économie capitaliste à leurs anciens adversaires historiques, cependant que les dirigeants chinois étaient absorbés par l'adaptation de leur pays aux techniques du marché.

Depuis, du côté russe comme du côté chinois, l'attitude a changé. Le président Poutine a remis de l'ordre dans son pays et fait silence sur les ravages du totalitarisme soviétique, dont il ne garde en mémoire que la « grande guerre patriotique » contre le nazisme. Il se réclame d'un nouveau syncrétisme où se combinent l'attachement à la religion orthodoxe, la puissance d'un État garant de l'ordre, le nationalisme et l'aspiration à une grandeur retrouvée.

À cet égard, je ne crois guère à la thèse selon laquelle l'Occident serait responsable non seulement de la dissolution de l'URSS mais aussi de l'antagonisme actuel entre la Russie et les pays occidentaux. À supposer que la disparition de l'Union soviétique ait été « la plus grande catastrophe géopolitique du XXe siècle », selon les termes de Vladimir Poutine, celle-ci devait être imputée à ceux qui n'ont pas voulu changer les fondements du régime et faire évoluer l'empire quand il en était peut-être encore temps, dès 1956 devant la révolution hongroise ou en 1968 en réponse au printemps de Prague.

Au moment de la transition, les puissances occidentales ont, il est vrai, fait preuve d'arrogance et leurs économistes, appelés au chevet du malade, ont prescrit des remèdes brutaux. L'extension de l'OTAN à l'Est s'est faite sans ménager la fierté et les craintes des dirigeants russes. Le déploiement des missiles antimissiles américains près des frontières russes – au prétexte peu convaincant de la menace iranienne – a été une faute.

Mais si ces erreurs n'avaient pas été commises, aurions-nous découvert un autre Poutine, ouvert à la démocratie et au pluralisme ? Les oligarques issus de la nomenklatura soviétique ou nés dans les cercles du nouveau pouvoir seraient-ils devenus d'honnêtes dirigeants d'entreprises d'économie mixte ? On peut en douter. Pour le dirigeant russe comme pour d'autres autocrates, la préservation d'un pouvoir intérieur sans partage est liée à l'invocation d'une menace extérieure. Les despotismes ont besoin d'ennemis.

Après que son autorité a été massivement contestée dans la rue en 2010, Vladimir Poutine, réélu président de la Fédération de Russie en 2012, a théorisé et politisé l'opposition entre le « monde russe » et l'« Occident ». Selon lui, la Russie est une civilisation en elle-même et le monde russe est spirituel, religieux et conservateur. Il doit être rassemblé autour d'un État nationaliste fort à l'intérieur, puissant à l'extérieur. Un État qui ne craint pas d'utiliser la force. L'Occident serait quant à lui désordonné, multiculturel, matérialiste, relâché moralement, velléitaire dans son action internationale et en déclin dans le monde. Au « modèle occidental », Vladimir Poutine entend opposer un « modèle russe ».

Les dirigeants de la Chine, appuyés sur une puissance grandissante, ont pris un parti semblable. Hier, ils veillaient seulement, de façon sourcilleuse, à ce qu'on ne porte pas atteinte à leur souveraineté et défendaient internationalement le principe de non-ingérence. Désormais, ils militent de façon ouverte, sur le plan bilatéral comme dans les enceintes internationales, pour la diffusion de valeurs dites « chinoises » très éloignées de celles qui fondent les démocraties et sont inscrites dans la Déclaration universelle des droits de l'homme.

Le débat ne porte naturellement pas sur les idées et les croyances qui ont inspiré pendant plus de deux millénaires la civilisation chinoise. La façon dont perdure en Chine l'héritage confucéen (que le maoïsme avait initialement voulu effacer), la conception très codifiée de la famille, le respect de la hiérarchie et de l'autorité, la fusion des individus dans l'identité collective appartiennent aux Chinois. Au reste, ce sont les dirigeants chinois eux-mêmes qui ont emprunté à l'Occident hier l'idéologie marxiste-léniniste et aujourd'hui les techniques capitalistes. Nous ne les leur avons pas imposées.

Désormais, les dirigeants chinois offrent au monde une « vision chinoise » et proposent même, en particulier aux pays émergents, un « modèle chinois ». Mais avec ce modèle se profile aussi la mise en place d'un système de contrôle des faits et gestes de la totalité de la population d'un pays, grâce à l'intelligence artificielle appliquée à la « reconnaissance faciale ». Cette « vision chinoise », si elle était exportée ailleurs, serait un danger pour toutes les nations. Pourtant, l'offensive idéologique du despotisme éveille de l'intérêt, y compris chez nous.

La séduction de l'autoritarisme

En France et en Europe, un certain nombre de personnalités et de cercles ne sont pas insensibles à l'image d'autorité, d'ordre et d'unité qu'affichent quelques pays très autoritaires, notamment la Russie. Lorsque Matteo Salvini, le leader politique italien d'extrême droite, populaire dans son pays, déclare à Moscou en octobre 2018 : « Je me sens plus à la maison ici que dans d'autres capitales européennes », il y a de quoi être préoccupé. Sans parler des dirigeants hongrois, polonais ou tchèques actuels qui, sans avoir, et pour cause, le même enthousiasme pour leur voisin russe, cultivent néanmoins chez eux un style fort autoritaire.

Nous avons évidemment du respect pour la Russie et son peuple. Le dialogue avec celui qui s'est imposé comme son premier dirigeant depuis maintenant vingt ans doit être poursuivi. Premier ministre, j'avais entretenu avec la Russie des relations suivies grâce à la rencontre annuelle entre les chefs de gouvernement des deux pays. Non sans surprise parfois car le Premier ministre russe avait changé chaque année – preuve que l'instabilité primo-ministérielle peut ignorer les frontières et les régimes.

Aujourd'hui, les initiatives prises par le président Macron pour discuter avec le président Poutine, et même son souhait de voir celui-ci réintégrer des instances telles que le G8, peuvent se justifier. Nous avions bien hier des échanges réguliers avec les dirigeants de l'Union soviétique. Si le but de la France est de défendre ses propres intérêts et d'obtenir à terme des évolutions de la part des autorités russes – sur la relation avec l'Ukraine, sur l'issue politique du drame syrien ou sur la fin des offensives informatiques conduites dans nos pays –, alors des concessions de notre part doivent être possibles, notamment en matière d'allégement des sanctions. En revanche, si le résultat de ces discussions devait signifier un blanc-seing donné à la politique russe à l'égard de l'Europe ou dans la crise moyen-orientale, nous ne ferions que confirmer le président russe dans l'idée que l'Europe est pusillanime et que l'usage de la force paye.

C'est pourquoi il importe de ne pas nous laisser tromper par la supposée « efficacité » de l'autoritarisme politique. Certes, on entend peu s'exprimer de critiques à l'égard des pouvoirs, en Russie ou en Chine, à la différence de ce qui se passe dans les démocraties. Mais pourquoi ? Parce que, dans les régimes despotiques, les critiques sont interdites et les opposants réprimés. Ce n'est pas, tant s'en faut, que les motifs de révolte soient absents, comme l'ont montré les soulèvements et les mouvements de protestation qui se sont multipliés en 2019 contre des régimes autoritaires. Seulement ils sont étouffés.

Rappelons-nous un échange public entre Emmanuel Macron et Vladimir Poutine. Au premier qui s'inquiétait de la répression des manifestations pour un scrutin libre lors des élections municipales à Moscou, le second répliquait en évoquant le mouvement des Gilets jaunes en France et les blessés dans ses rangs. Mais comment pourrait-on sérieusement mettre sur le même pied l'état des libertés publiques en France et en Russie ? Si une protestation de cette ampleur avait pu se produire en Russie ou en Chine, les manifestants se seraient retrouvés en prison ou dans des camps. Ayons à l'esprit le sort des Ouïghours en Chine.

Certes, les démocraties n'ont pas à être idéalisées. La pionnière des démocraties modernes, celle des États-Unis, se voit aujourd'hui submergée par les masses d'argent qui peuvent légalement corrompre son système électif, avec la bénédiction de la Cour suprême. De ce point de vue, les limitations strictes du financement des campagnes introduites désormais par la législation française pourraient presque servir d'exemple. L'Inde, la plus peuplée des démocraties, voit son unité et sa diversité historique menacées par le nationalisme religieux hindouiste. C'est aussi au sein d'une démocratie, même imparfaite, celle de la Turquie, qu'est né le régime autoritaire, désormais contesté, d'Erdogan.

En Europe, les institutions démocratiques sont fréquemment mises en question. Tantôt on les trouve insuffisamment représentatives, tantôt on conteste le principe même de la représentation au nom d'une démocratie directe pourtant impraticable, comme mode régulier de gouvernement, dans toute société de quelque ampleur. Sur le continent, la progression des droites autoritaires ou des extrêmes droites est indéniable depuis le début des années 2000. Il entre parfois dans ces évolutions préoccupantes la résurgence, dans certains pays de l'Est, de frustrations liées à des problèmes, mal soldés, de frontières, de nationalités ou de minorités. Mais, globalement, les principales causes de colère ou de rancœur sont actuelles. Le chômage, l'extension du travail précaire, les inégalités sociales et territoriales, la réalité et la peur du déclassement, l'insécurité, les menaces du terrorisme, le sentiment de perte d'anciennes traditions, les craintes suscitées par l'immigration sont le terreau sur lequel prospère la mise en cause de nos régimes démocratiques. S'y ajoute la déception que suscite l'évolution de l'Union européenne, car si, logiquement, elle limite les souverainetés nationales, elle le fait sans réaliser la promesse de prospérité qui était la sienne. Faut-il alors s'abandonner à la tentation du populisme ? Certainement pas.

Les ruses du populisme

Il est des mots en vogue, comme « démocrature » ou « illibéralisme », que je n'aime guère. Je sais qu'ils sont employés par les sociologues pour évoquer des régimes qu'ils jugent hybrides. Certes les régimes politiques ne sont pas des formes pures. Mais forger un néologisme qui unit paradoxalement démocratie et dictature brouille la frontière entre deux formes politiques incompatibles.

Le mot populisme lui aussi fait fureur sans être neuf ni bâti sur un paradoxe. Né sous la Russie des tsars et ayant vagabondé en Amérique latine, il n'avait guère jusqu'ici prospéré sous nos latitudes. On dit que le populisme peut être de droite ou de gauche, et aussi, pour faire bon poids, que Poutine, Mélenchon, Erdogan, Le Pen, Orbán ou Modi sont tous des populistes. L'hétérogénéité de ce catalogue justifie qu'on aille y voir de plus près.

En France, le mot « peuple » s'entend au moins en trois sens : c'est la communauté nationale, communauté humaine dotée d'une identité historique ; c'est aussi, d'un point de vue politique, le peuple souverain tout entier duquel le pouvoir politique tient sa légitimité ; c'est enfin la partie la plus modeste, la moins riche de la population, celle qu'on désigne sous le nom de couches populaires. Dans la vie politique, il est toujours problématique qu'un mouvement ou un leader s'arroge l'exclusivité de la représentation du peuple, ou, pire, de son incarnation, quitte à en exclure une partie. C'est ce que fait le populiste, et c'est là sa ruse, en opposant le peuple qu'il prétend incarner aux « élites » de toutes sortes qu'il condamne.

En affirmant que le peuple est *un* pour l'opposer à une petite minorité dominante, dite oligarchique, les « populistes » nient la complexité des sociétés humaines et de la vie politique. Ils en effacent les contradictions plutôt que d'avoir à les surmonter et ils revendiquent une unanimité qui n'a jamais défini la vie démocratique. Cette prétention à l'unanimisme fait que les populistes se montrent souvent hostiles aux corps intermédiaires, aux autorités indépendantes, à la justice ou à la presse.

Le cœur du populisme, c'est l'idée que le peuple est prêt à remettre son destin entre les mains d'un leader qui aurait seul reçu la grâce de le comprendre et de l'incarner. C'est aussi pourquoi, en s'identifiant au peuple, les populistes attisent la méfiance populaire à l'égard des « élites ».

Cette opposition schématique entre peuple et élites est moins subtile et audacieuse que ne l'était pour l'époque la célèbre parabole d'Henri de Saint-Simon publiée en 1819, sous la monarchie restaurée, sur les abeilles et les frelons – les utiles et les inutiles. Elle rompt en outre avec la tradition de l'élitisme républicain, selon laquelle les élites émanent du peuple. Englober, même implicitement, dans cette détestation des élites, savants, intellectuels, ingénieurs, médecins, écrivains, musiciens, peintres, architectes, professeurs ou encore serviteurs de l'État est une entreprise absurde et démagogique. Le comble de la confusion est atteint lorsque les élus d'une démocratie, représentants du peuple, sont assimilés à une élite à combattre.

Il est une autre ruse dangereuse de l'idéologie populiste. Si le peuple est posé comme une entité unique et non comme une réalité complexe, diverse, traversée de contradictions, susceptible d'oppositions, alors s'efface potentiellement la distinction entre majorité et minorité, gouvernement et opposition, laquelle est au principe de la démocratie et justifie l'alternance. Cette pente peut conduire à la négation du pluralisme et à l'indulgence pour le despotisme. D'où l'amalgame, parfois hâtif, opéré par les analystes entre des forces politiques, présentes dans les démocraties, qui jouent sur une logique populiste, et des régimes installés, dits populistes, et en réalité autoritaires.

Face au populisme, sans céder aux peurs et aux emportements, les responsables politiques ont le devoir de traduire les multiples aspirations d'un peuple dans la conception et la mise en œuvre de leur action.

Les despotismes réels

On peut s'étonner du crédit parfois accordé aux mérites supposés des régimes autocratiques, en écho direct à leur propagande. La réussite économique de la Chine est certes indiscutable. Elle la doit au courage et au talent de son peuple ainsi qu'à la détermination de ses dirigeants. Mais elle relève aussi d'un effet de rattrapage de développement tout à fait classique. Elle a été facilitée par la complaisance montrée par les acteurs économiques et politiques occidentaux à l'égard du processus qui a fait de la Chine l'« atelier du monde », tandis que s'opérait la désindustrialisation chez nous. La recherche de prix plus bas pour les consommateurs et de profits plus élevés pour les dirigeants d'entreprise et les actionnaires a eu pour nos économies et nos sociétés une lourde contrepartie. Le rapport de force pourrait devenir moins favorable à la Chine si le rééquilibrage commercial recherché de façon brutale par Donald Trump était conduit de façon plus rationnelle et si l'Union européenne manifestait désormais, dans la défense de ses intérêts économiques face à la Chine, l'unité qu'elle a, jusqu'ici, préservée vis-à-vis du Royaume-Uni sur le dossier du Brexit.

En outre, le « miracle économique chinois », qui a sorti une grande partie du peuple de la misère, s'est effectué au prix de l'exploitation brutale de centaines de millions de migrants de l'intérieur dépourvus de droits, et sous l'empire d'un contrôle social intense – encore renforcé sous Xi Jinping. Il n'est pas certain que ce contrôle puisse être prolongé longtemps à ce niveau sans tarir un jour l'esprit d'initiative et la faculté de création et d'innovation. Sans parler de la crainte inspirée par le pouvoir central qui déresponsabilise les autorités locales avec des conséquences parfois très graves.

En outre, le développement économique s'est accompagné d'une corruption généralisée qui, en l'absence d'autorités indépendantes, notamment judiciaires, libres d'intervenir, représente un coût élevé pour le pays et une source de démoralisation pour la population. Enfin, les conséquences environnementales et sanitaires d'un essor industriel déployé sans frein pendant quarante ans sont d'ores et déjà désastreuses pour la Chine. Pensons au niveau de la pollution de l'air à Pékin, aux accidents industriels et aux désastres écologiques ou sanitaires nombreux. L'excès de centralisme et l'absence de transparence sont dès aujourd'hui et seront plus encore demain un sérieux handicap pour la Chine. À moins qu'elle soit capable de changer.

Pour la Russie, le constat est aussi très contrasté. Vladimir Poutine aime à donner de la Russie d'aujourd'hui une image d'ordre et de force. Mais l'ordre est imposé et la force relative. À l'extérieur, la Russie a de nouveau affirmé sa présence. Elle a conquis des territoires, en Crimée et à l'est de l'Ukraine. Elle a sauvé le régime syrien, son allié, et renforcé sur place ses bases stratégiques. Sa diplomatie pèse dans l'imbroglio moyen-oriental, même si elle en subira les contradictions – on le voit déjà dans la relation avec la Turquie. Tout cela s'est fait au prix de coups de force ou par des méthodes insensibles aux malheurs des populations qui l'ont isolée sur la scène internationale. La Russie ne sait guère user du *soft power*. Elle impressionne mais elle fait peur plus qu'elle ne séduit.

À l'intérieur, Vladimir Poutine est crédité d'avoir contenu les oligarques, en en faisant ses obligés, et d'avoir réintégré des gouverneurs régionaux trop autonomes dans la traditionnelle centralité russe. Ses concitoyens lui savent gré d'avoir redressé l'économie et amélioré leur quotidien après les malheurs de la « thérapie de choc ». Mais la forme prise par ce redressement a accru la dépendance du pays à l'égard des hydrocarbures (57 % des exportations et 40 % du budget en 2019), selon les données officielles russes, peut-être sous-estimées. L'équilibre économique du pays est ainsi menacé dès que se prolonge une baisse des cours des produits pétroliers. Les dirigeants russes n'ont pas assuré la diversification de leur économie et le milieu des affaires est là aussi touché par la corruption. La pollution dans le territoire, la permanence de l'alcoolisme (malgré une régression durant la dernière décennie) et le déclin démographique sont des fléaux redoutables que ne peut dissimuler la théâtralisation de la grandeur. D'ailleurs, la forte émigration des Russes vers l'étranger ne témoigne pas d'une absolue confiance dans l'avenir du pays.

Nombre de dirigeants de régimes dictatoriaux ou autoritaires rappellent occasionnellement à l'Europe sa domination coloniale ou les ravages des deux conflits mondiaux nés en son sein. Le Chinois Xi Jinping n'a pas oublié les affreuses guerres de l'opium menées au XIXe siècle par la Grande-Bretagne et la France (soutenues par les États-Unis et la Russie), les enclaves que la Chine a dû concéder sur ses côtes à plusieurs puissances occidentales et au Japon, ni le sac du palais d'Été de l'empereur en 1860. Le Turc Erdogan se réfère souvent dans son pays au démembrement de l'Empire ottoman par les nations victorieuses de la Première Guerre mondiale, en 1920. Le Russe Poutine ne manque pas d'évoquer l'invasion de la Russie par Napoléon Ier et, plus encore, la terreur de l'invasion hitlérienne et les sacrifices consentis par le peuple russe pour assurer la victoire contre l'Allemagne nazie. Ces dirigeants contestent tous, à des degrés divers (car la Turquie est encore membre de l'OTAN), la volonté de domination des États-Unis et son interventionnisme au cours du XXe siècle et au-delà. Néanmoins, si ce passé doit être rappelé et médité, il ne justifie en rien les despotismes d'aujourd'hui.

Au-delà du débat théorique ou idéologique sur les valeurs, occidentales, universelles ou spécifiques, et de la confrontation des propagandes étatiques, un choix reste fondamental pour l'avenir des civilisations humaines. Face aux menaces environnementales, aux atteintes au droit du travail, aux questions éthiques posées par la course aux innovations technologiques, à la demande d'égalité entre les femmes et les hommes, à la corruption, à l'aspiration des êtres humains à penser, s'exprimer et créer librement, et pour le règlement des conflits entre les nations, vaut-il mieux des systèmes politiques despotiques ou bien des régimes instituant des pouvoirs qui se limitent entre eux et respectent des lois garantissant aux citoyens leurs libertés ? La force des démocraties, si elles demeurent fidèles aux valeurs qu'elles proclament, est d'assumer la fonction civilisatrice du droit et de donner corps à « cet équilibre de justice et de liberté » auquel aspirait Camus dans la Résistance.

Ce qui me conduit à la question des migrations. Car dans le mouvement qui pousse des hommes à émigrer, la volonté de fuir des régimes répressifs et l'aspiration à une vie plus libre jouent un rôle majeur. Mais, sur leur route, les migrants et les réfugiés rencontrent les frontières des nations.

2

Migrations et nations

Les migrations existent depuis toujours. Même devenus sédentaires, les hommes ont changé de territoires, animés par l'esprit de conquête et par la volonté de trouver des ressources nouvelles. Les grandes invasions venant d'Asie, les croisades vers la Terre sainte et les richesses d'Orient, les grandes découvertes, les traites esclavagistes ont jalonné l'histoire et laissé des traces dans l'imaginaire des peuples.

Au XIXe siècle, la nature des migrations internationales se transforme et répond surtout au désir d'échapper à une vie misérable, de sauvegarder une pratique religieuse ou de commencer une vie nouvelle. La navigation à vapeur et le chemin de fer permettent un transport plus rapide et plus sûr. L'émigration change d'échelle. Là où, dans les siècles précédents, les mouvements de population ne concernaient, sur plusieurs siècles, que quelques centaines de milliers d'individus, les Européens qui quittent le Vieux Continent pour traverser l'Atlantique entre 1800 et 1930 (date de la grande crise économique) se comptent par millions. L'ère des migrations de masse a commencé.

Dans la première moitié du XXe siècle, les États totalitaires ont multiplié les déplacements forcés de population en Europe et en Asie. En URSS sont organisés de gigantesques transferts de populations vers l'« archipel du Goulag ». Quant aux persécutions perpétrées par les nazis, elles vont pousser vers l'exil les Juifs qui le peuvent encore. Alors s'est posée la question des réfugiés, de leur accueil et de leurs droits.

Les nations, espaces de souveraineté

Les déplacements des hommes hors de leur territoire d'origine se heurtent à l'existence des nations, de plusieurs façons. Ils sont liés à la démographie dont les mouvements lents et puissants sont peu réversibles. Ils touchent à l'économie puisque la force de travail des migrants est tantôt souhaitée et prospectée par les entreprises et les États des pays d'accueil, tantôt considérée avec crainte par les gouvernements ou les peuples. Ils sont régulés par des droits spécifiques, car les êtres humains ne sont pas ou ne devraient pas être traités comme des marchandises. Nombre de ceux qui partent fuient des menaces extrêmes : la mort, la torture, la violence, la privation de liberté ou la misère. Il s'agit pour eux de survivre ou de vivre décemment, et non de conquérir.

Dans les pays de destination, les sentiments et les passions sont ambivalents : pour certains, l'arrivée de réfugiés éveille un devoir de solidarité et d'assistance, pour d'autres, l'afflux d'étrangers suscite l'incompréhension ou la crainte que les nouveaux venus ne troublent une identité culturelle. Dans l'entre-deux se glisse une interrogation sur la possibilité d'intégrer réellement tous les arrivants. Quant aux responsables politiques, marqués par l'histoire de leur pays, dotés de leurs propres a priori, ils sont attentifs à ces émotions opposées et prennent en compte les peurs plus souvent que les élans de générosité.

Si la globalisation de l'économie, la révolution des transports et des techniques de communication ont unifié le monde, celui-ci reste politiquement divisé en nations qui conservent une identité historique et n'ont pas abdiqué leurs prérogatives traditionnelles. À l'intérieur de leurs frontières, les États exercent, normalement, leur souveraineté.

L'idée de la nation n'est pas la même partout. Pour nous, la nation n'est pas une substance : elle n'est pas d'ordre naturel, ni ethnique, et encore moins racial. Dès lors qu'elle est organisée en État, la nation forme une communauté politique. Elle n'en est pas moins le résultat concret d'une histoire particulière qui lui donne ses caractères propres, sa langue, ses institutions, ses mœurs, sa culture composite mais singulière. Enfin, si notre Constitution parle de souveraineté nationale, c'est que la nation n'est pas séparable du peuple, c'est-à-dire de l'ensemble des citoyens qui exercent leur souveraineté directement ou indirectement. En ce sens, il serait hasardeux de voir la nation comme un mythe, car il faudrait alors renoncer aussi à défendre la démocratie.

En Europe, il existe un clivage entre l'Est et l'Ouest quant à l'accueil des migrants, et parmi eux des demandeurs d'asile, qui ne peut se comprendre sans référence à l'histoire. Les pays de l'Est ont vécu près d'un demi-siècle sous la férule de l'Union soviétique et, derrière le rideau de fer, ils n'ont pas été confrontés à des arrivées significatives d'étrangers. Pour eux, après les déplacements de minorités consécutifs à la Seconde

Guerre mondiale, la question de l'immigration ne se posait pas. À l'Ouest, l'expérience était différente. En France, l'immigration était une réalité ancienne, avec la venue des travailleurs polonais, italiens, espagnols, portugais ou algériens dont l'économie profitait. Elle est devenue une évidence récente et impérieuse pour une Allemagne à la natalité faible qui a fait venir chez elle une importante main-d'œuvre, surtout d'origine turque. Plus contrastée est l'approche de pays comme l'Espagne et l'Italie qui ont longtemps vu partir massivement leurs ressortissants mais sont aujourd'hui eux-mêmes des terres d'immigration. Il existe aussi en Europe un cas paradoxal, celui de la Pologne qui refuse d'accueillir des réfugiés au nom de son identité nationale menacée mais trouve normal que 2,5 millions de Polonais vivent aujourd'hui hors de ses frontières grâce à la libre circulation des personnes au sein de l'Union européenne. Ces différences expliquent pour une bonne part la difficulté de l'Union à conduire en matière d'immigration une politique coordonnée, juste et efficace.

À cela s'ajoute la disparité des réactions aux phénomènes migratoires des pays de départ ou de transit, car eux aussi ont des réflexes nationaux. Pour les gouvernements des pays d'émigration, l'exil de jeunes bien formés est souvent perçu comme une perte. Pour les pays de transit, comme la Turquie (avec les réfugiés syriens, irakiens ou afghans) ou la Libye (par où passent nombre de migrants de l'Afrique subsaharienne), des problèmes aigus se posent et imposent des choix. La Turquie d'Erdogan a dû décider si elle laissait partir ceux qui fuient le chaos syrien vers une Europe réticente à les accueillir ou si elle les gardait chez elle, près des villages et des villes où ils retourneront peut-être un jour. Elle dispose en outre avec eux d'une carte dans le jeu régional. Moyennant une aide financière conséquente de la part de l'Union européenne, elle a retenu la seconde option, tout en utilisant la possibilité du départ de ces réfugiés vers l'Ouest comme une arme politique et diplomatique. En Libye, pays déchiré et fractionné, dépourvu d'un pouvoir étatique respecté sur l'ensemble de son territoire, aidé lui aussi par l'Union européenne, les multiples chefs se débattent pour remplir la mission de police des flux migratoires qui leur a été de fait sous-traitée.

Enfin, pour les pays de destination se pose la question toujours délicate de l'accueil des migrants parmi lesquels les demandeurs d'asile, comme celle des conséquences du refus de les accepter. Outre la souffrance humaine qui accompagne souvent les migrations, les parcours administratifs que doivent emprunter ceux qui partent sont complexes et, pour les irréguliers, peinent à être encadrés par le droit.

Le rôle du droit

Les signataires de la Déclaration universelle des droits de l'homme, confrontés aux dramatiques déplacements de population nés de la guerre, proclamaient en 1948 : « Toute personne a le droit de quitter tout pays, y compris le sien, et de revenir dans son pays. » S'ils reconnaissaient ainsi la liberté d'émigrer, les signataires ne pouvaient fonder un droit à immigrer assurant à tous la possibilité de s'installer dans le pays de leur choix. En effet, un tel droit en aurait contredit un autre, dérivé de la souveraineté des nations : le droit pour un pays de choisir ceux qu'il accueille sur son sol.

À défaut d'avoir érigé en principe la liberté de circulation et d'installation des personnes hors de leur pays, réclamée par des juristes et des associations, des conventions internationales apportent aux migrants des protections et des droits spécifiques : le droit à mener une vie familiale normale, celui pour l'étrangère ou l'étranger de venir rejoindre son conjoint, celui, pour un enfant, de ne pas être séparé de ses parents (droit que la justice américaine a opposé au président Donald Trump), ainsi que le droit au refuge en cas de persécution.

Quant aux législations nationales des États qui respectent les traités et les conventions internationales (validés en Europe par la Cour européenne des droits de l'homme), elles reconnaissent le devoir d'assistance ou le droit d'asile, mais elles n'instaurent pas pour autant un « droit à l'immigration ».

En France, le Conseil constitutionnel, saisi en 1993 à propos d'une loi sur l'immigration, a répondu qu'« aucune règle de valeur constitutionnelle n'assure aux étrangers des droits de caractère général et absolu d'accès et de séjour sur le territoire national ; que les conditions de leur entrée et de leur séjour peuvent être restreintes par des mesures de police administrative ». Vingt-cinq ans plus tard, en juillet 2018, lorsque le Conseil constitutionnel a consacré le « principe de fraternité » dans une décision qui a fait quelque bruit, il a réitéré sa formulation restrictive de 1993.

Ainsi, à l'exception des demandeurs d'asile dont le cas est traité différemment, l'étranger âgé de plus de dix-huit ans qui séjourne en France pour une durée supérieure à trois mois doit être muni d'une carte de séjour. Celui qui sollicite un titre de séjour doit, dans la majorité des cas, obtenir avant son départ un visa de long séjour auprès des autorités consulaires françaises en poste dans son pays d'origine. S'il ne remplit pas ces conditions ou s'il est entré irrégulièrement en France, il fera l'objet d'un refus de séjour, lequel peut être assorti d'une obligation de quitter le territoire français, avec fixation du pays de renvoi. Afin d'assurer l'exécution de cette décision, l'étranger concerné peut même être placé pour un temps en rétention administrative. Naturellement, toutes les décisions de l'administration touchant les étrangers en situation irrégulière sont dans notre pays placées sous le contrôle des tribunaux administratifs et du Conseil d'État et peuvent faire l'objet de recours auprès d'eux. Le juge judiciaire interviendra dans l'hypothèse d'une privation de liberté.

Touchant le droit d'asile, notre Constitution renvoie au préambule de la Constitution de 1946 : « Tout homme persécuté en raison de son action en faveur de la liberté a droit d'asile sur les territoires de la République. » Le Conseil d'État en tire l'interdiction pour l'administration de refouler le demandeur d'asile et le droit pour celui-ci de voir sa demande examinée, ce qui ne lui garantit pas l'admission. Sur les 123 000 demandes d'asile présentées en France en 2018, 40 % ont reçu une réponse positive ouvrant droit à la remise d'un titre de séjour. On le voit, les dispositifs régissant l'admission des étrangers dans notre pays sont respectueux du droit et des personnes sans abolir la souveraineté nationale.

Les migrations d'aujourd'hui

En 2017, selon les Nations unies, le monde comptait, pour une population totale de 7,6 milliards, 258 millions de personnes installées dans un autre pays que celui de leur naissance. Ce chiffre, imposant en valeur absolue, l'est moins en valeur relative puisqu'il représente 3,4 % du total mondial. Parmi ces personnes, 106 millions étaient nées en Asie, 61 millions en Europe, 38 millions en Amérique latine et dans les Caraïbes et 36 millions en Afrique. Dans cet ensemble, 10 % étaient des réfugiés qui, pour la plupart, vivaient dans des pays en développement. Parmi ces migrants (dont plus de la moitié sont des femmes), 80 millions vivent en Asie, 78 millions en Europe et 58 millions en Amérique du Nord.

On sait que la France a longtemps été un pays d'immigration. L'est-elle toujours ? La question est discutée dans notre pays, parfois âprement. Dès la fin du XIXe siècle, et sauf pendant la crise des années 1930, la France avait été un des pays européens les plus ouverts à l'accueil de populations étrangères. Les pertes humaines dues aux guerres et la baisse séculaire de la natalité inquiétaient les gouvernants, et l'industrie avait besoin de main-d'œuvre. Les immigrés polonais, italiens et algériens ont commencé à affluer.

Après la Seconde Guerre mondiale, malgré un soudain regain démographique, les besoins de main-d'œuvre se sont accrus pour assurer la reconstruction et accompagner la croissance économique forte qui dura une trentaine d'années. Les travailleurs espagnols, portugais, yougoslaves, maghrébins, turcs, puis subsahariens prirent la relève pour des séjours d'une durée plus ou moins longue. La France restait un pays officiellement favorable à l'immigration.

Dans les années 1970, deux évolutions vont changer la perspective. D'abord, l'immigration économique se réduit. À la suite du choc pétrolier, la croissance s'affaiblit et le chômage s'élève. Les autorités françaises décident, en 1974, l'arrêt de l'immigration de travail. Celle-ci se contracte durablement : en 2018, elle représente 32 000 personnes.

L'immigration dite de droit lui succède. Une nouvelle interprétation de l'article 8 de la Convention européenne des droits de l'homme s'instaure (inspirée par l'article 12 de la Déclaration universelle des droits de l'homme). Celui-ci dispose que « toute personne a droit au respect de sa vie privée et familiale, de son domicile et de sa correspondance ». Les juridictions nationales dans la plupart des pays signataires (en France, le Conseil d'État) valident alors le regroupement familial qui, s'il représente un indéniable progrès pour les droits des personnes, pose aussi des problèmes nouveaux.

L'actuel gouvernement a annoncé son intention, lors d'un récent débat au Parlement, de durcir les conditions du regroupement familial – de telles annonces se font parfois en période préélectorale... Mais sur les 90 000 titres de séjour accordés en 2018 au nom du regroupement familial, plus de la moitié (48 000) concernait la famille que des Français faisaient venir en France. Cette faculté ne pourra pas être remise en cause. Si l'on y ajoute les titres de séjour visant des regroupements concernant des ressortissants de l'Union européenne, ceux concernant les familles de réfugiés bénéficiant du droit d'asile et les régularisations exceptionnelles de parents d'enfants scolarisés en France (soit 12 600 en tout), on parvient à un total de 60 000 personnes dont les droits à venir en France sont protégés. On voit que le volet sur lequel le gouvernement pourrait agir, au prix de modifications de la législation et dans le respect de nos obligations internationales, est relativement étroit : à peine 30 000. Au-delà des effets d'annonce, nous verrons ce qui sera effectivement décidé et mis en œuvre. D'autant que certains bons experts français de l'immigration ont fait récemment à cet égard des propositions d'inspiration assez différente.

Quoi qu'il en soit, sur les 250 000 titres de séjour délivrés en 2018, et au-delà des 90 000 relevant du regroupement familial, 90 000 concernent des étudiants (qui ne sont pas réellement des migrants), 40 000 s'appliquent à des réfugiés et 32 000 seulement visent l'immigration de travail.

Si les sources de l'immigration ont changé, elle reste un objet de débat et de polémique. Les Français perçoivent le contraste entre le fort accroissement des populations hors du territoire européen, particulièrement en Afrique, et la stagnation démographique sur le Vieux Continent. Certains craignent une « ruée » de migrants vers nos pays, d'autant que la France est traversée d'inquiétudes sociales, culturelles ou identitaires. Enfin, face aux attaques terroristes perpétrées en France et sur le continent, nos compatriotes ne font pas toujours de distinction entre l'islamisme radical et sexiste, qui inspire ces crimes ou conteste nos lois comme nos usages, et la religion musulmane pratiquée paisiblement sur notre territoire par des Français ou des étrangers. En outre, le Rassemblement national continue d'instrumentaliser la question de l'immigration, décrite comme un flot risquant d'emporter l'identité de la France.

La fable du « grand remplacement »

La thèse du « grand remplacement » repose sur l'idée qu'une population originelle, celle de Français dits « de souche », serait progressivement supplantée, physiquement et culturellement, par une population exogène. Certes, même à l'extrême droite, cette théorie n'est guère retenue dans sa version complotiste, celle d'un plan secrètement mûri par la « population de remplacement » ou encore ourdi par les élites de notre pays. Mais elle inspire une variante déduite de l'évolution démographique. L'afflux de l'immigration, même sans dessein caché, dénaturerait notre culture. Quand Marine Le Pen déclarait, à propos du « grand remplacement » : « ce n'est pas un terme officiel du Front national », cela sous-entendait qu'il pouvait être un terme officieux. Nombre de responsables ou de proches du Rassemblement national, parmi lesquels Marion Maréchal-Le Pen, reprennent d'ailleurs cette thèse à leur compte.

Concédons la constance aux adeptes de cette théorie. Hier, ils voulaient perpétuer le colonialisme en dépit du mouvement d'émancipation qui soulevait les peuples du tiers-monde. Aujourd'hui, ils inversent le schéma colonial en désignant la France comme la victime d'une colonisation à rebours. Pour l'extrême droite, les rapports entre les peuples ou entre des populations d'origines différentes à l'intérieur du même pays relèvent forcément d'une domination, des uns ou des autres.

Conceptuellement, la thèse du « grand remplacement » est absurde en ce qu'elle suppose un peuple français originel. Quel est-il ? Quand s'est-il constitué ? Et quand a commencé le remplacement ? Ce peuple originel menacé compte-t-il en son sein les descendants, français depuis longtemps, des esclaves transportés de force aux Antilles, en Guyane et à La Réunion ? Englobe-t-il les Polonais, les Italiens, les Espagnols, les Portugais venus hier travailler en France et devenus français ? Admet-il ceux de nos compatriotes juifs partis de l'est de l'Europe pour fuir les pogroms que les antisémites accusaient dans les années 1930 de vouloir remplacer la « race française » ? Les théoriciens de la substitution se gardent de répondre à ces questions.

En revanche, ils n'ont pas de doute sur les acteurs actuels du « grand remplacement ». Il s'agit des Maghrébins et des Africains, venus le plus souvent de nos anciennes colonies et qui sont généralement de religion ou de culture musulmane. Peu importe que les premiers arrivants se soient installés en France il y a plus d'un siècle ; que certains aient combattu dans nos rangs en 1914-1918, en 1939-1940 et en 1944-1945, voire, pour les harkis, pendant la guerre d'Algérie ; que nombre d'entre eux soient devenus français ou que leurs enfants le soient quand ils sont nés en France. Peu importe, enfin, que la très grande majorité des musulmans vivant dans notre pays pratiquent tranquillement leur religion. Pour les tenants du « grand remplacement », ces fractions de la population sont un danger pour l'identité de la France. Toutefois cette thèse ne trouve guère de justification dans les faits.

Partons de l'appartenance religieuse, puisqu'elle est le critère premier que mettent en avant les tenants de cette thèse. Le Pew Research Center, organisme de recherche américain, qui établit des statistiques religieuses – ce que nous ne faisons pas en France –, évalue le nombre des musulmans dans notre pays, en 2016, à 5,7 millions, soit 8,6 % de la population. Ce chiffre est sans doute exagéré selon les démographes français.

Quoi qu'il en soit, la question n'est pas là. En fait on sait que 30 % des immigrés de la deuxième génération vivent aujourd'hui avec un conjoint non musulman et le taux devrait logiquement augmenter pour les générations suivantes. Or les enfants ayant grandi dans ces familles religieusement mixtes ne se disent musulmans que dans la moitié des cas. On a donc une forte déperdition de la confession entre les générations. De plus, l'évolution des taux de fécondité – dont le niveau plus élevé est souvent invoqué – tend à se rapprocher dès la seconde génération du niveau observé en moyenne en France. On ne peut donc miser sur ce facteur pour anticiper une augmentation rapide du nombre des musulmans en France. La thèse du « grand remplacement » apparaît comme un fantasme. Ce n'est pourtant pas une raison pour négliger la question de l'immigration dans son rapport avec notre culture républicaine et l'ensemble de nos institutions. J'en reparlerai.

La chimère d'un monde sans frontières

Une autre idéologie mérite l'attention. Elle prône une liberté inconditionnelle des personnes. En 2014, la charte de Lampedusa, lieu emblématique des migrations vers l'Europe, « affirme la liberté de circulation de toutes et tous ». La charte de Palerme adoptée en 2015 va dans le même sens : « Il est temps que l'Union européenne promeuve l'abolition du permis de séjour pour tous ceux qui migrent, afin de réaffirmer la liberté de circulation des personnes dans un espace mondialisé, au-delà de celle des capitaux et des biens. »

Ces deux déclarations proposent ainsi d'abroger la distinction entre migrations humanitaires et migrations économiques, militent pour une extension illimitée du droit d'asile et demandent aux États européens de renoncer à leur droit souverain (encadré par le droit international) de décider si, comment et pour combien de temps des personnes étrangères peuvent résider sur leurs territoires.

Ces deux textes, inspirés par un souci humanitaire, sont sans doute une façon de réagir à des situations extrêmes. Ils ont la vertu de mettre en lumière certains aspects dramatiques, parfois tragiques, des migrations. Pourtant, vouloir instaurer la « liberté de circulation des personnes dans un espace mondialisé », à partir d'une analogie avec la circulation des capitaux et des biens, est une utopie périlleuse. En effet, elle dénie la souveraineté des nations et l'idée même de communauté nationale au sein de laquelle s'exerce la souveraineté du peuple dans les pays démocratiques. Il faut bien comprendre que les États sont les seuls à pouvoir garantir sur leur territoire le respect des droits de leurs citoyens et, plus largement, des êtres humains qui y vivent ou passent. Là où les États se disloquent ou disparaissent, on le sait, le chaos n'est pas loin.

L'espace mondial doit être organisé et nécessite des régulations. Si le nationalisme et l'hostilité envers d'autres peuples sont dangereux dans un monde déjà trop déstructuré, les nations restent des cadres indispensables en coopération avec les organisations internationales. Les associations vouées à la cause des migrants doivent pouvoir les défendre, les juristes sont tenus de rappeler les obligations du droit et les États ont à assumer leur devoir d'assistance, mais sans céder à la chimère d'un monde sans frontières. Garantir à tous et partout les mêmes droits exigerait une législation universelle et des institutions mondiales capables d'imposer son respect. À supposer que ce soit souhaitable, ou possible, nous en sommes loin. Hors des a priori idéologiques, le traitement des questions migratoires continuera de relever de politiques concrètes qu'il convient de rendre aussi cohérentes et humaines que possible.

Une politique humaine et réaliste

En matière d'immigration, on ne peut s'autoriser le déni. L'écart des dynamismes démographiques entre l'Afrique et l'Europe peut confronter notre continent à une pression migratoire accrue, et les peuples européens n'accepteront pas, dans le climat d'incertitude d'aujourd'hui, des entrées massives d'étrangers. En écartant simultanément l'illusion d'une fermeture totale et la candeur de l'accueil inconditionnel, les autorités publiques devront déterminer, au niveau français et européen, des politiques de l'immigration respectueuses du droit.

La nation, dans les pays démocratiques, est à la fois l'espace de la citoyenneté et celui de la solidarité. Elle doit user de toutes ses potentialités d'accueil mais aussi en connaître les limites. Car, pour préserver notre cohésion sociale, nous devons nous donner les moyens d'intégrer pleinement les femmes, les hommes et les familles que nous accueillons.

L'Union européenne, cette « fédération d'États-nations », a vocation à organiser collectivement, pour plus d'efficacité et de cohérence, l'accueil, la protection (dans le cas de l'asile) et aussi le refus d'une partie des migrants. Jusqu'aux années 2000, l'Europe a paru maîtriser son dispositif. À l'intérieur de l'espace Schengen régnait la libre circulation tandis que, aux frontières extérieures, s'exerçait un contrôle des arrivants étrangers. Quant à l'exercice du droit d'asile, selon les règles définies à Dublin, il reposait sur la garantie de l'instruction des demandes formulées et sur la détermination de l'État membre qui en serait responsable.

Ce mécanisme s'est enrayé devant le choc des nombreuses arrivées de réfugiés dans les années 2014-2017 provoquées par la dégradation dramatique des situations en Afghanistan, en Irak, en Syrie, en Libye et dans la corne de l'Afrique. Les pays de première arrivée, au sud de l'Europe – l'Italie, l'Espagne, la Grèce, Malte –, se sont sentis abandonnés par les autres Européens. Quant aux systèmes d'accueil et d'hébergement, par exemple en France, ils se sont trouvés débordés. D'où un traitement choquant pour les demandeurs d'asile et préoccupant pour les riverains de campements de fortune.

Touchant le droit d'asile, il faudra en Europe clarifier de nouveau les responsabilités de chacun. La nouvelle présidente de la Commission européenne s'y est déclarée résolue. Les pays de première arrivée doivent accepter de retenir les migrants le temps nécessaire à l'examen des demandes sur place. Les autres pays, dont le nôtre, doivent prendre leur part à l'action commune en apportant une aide financière pour le premier accueil, en recevant les personnes bénéficiant du droit d'asile et en apportant leur appui pour la reconduite des déboutés dans leur pays d'origine. Sans remettre en cause en France l'aide médicale de l'État (AME), ce qui aurait des conséquences néfastes pour les individus comme pour la situation sanitaire du pays, il convient de lutter contre les fraudes organisées depuis l'étranger.

La migration de travail doit être programmée de façon transparente en prenant en compte les besoins du pays. C'est ce que dit vouloir faire le gouvernement en relançant l'idée des quotas.

S'il s'engage vraiment dans cette voie, il gagnerait à associer à cette démarche les organisations syndicales et les représentants des employeurs, afin de ne pas inquiéter les salariés déjà présents dans telle ou telle branche, tout en veillant à réduire le nombre des clandestins utilisés dans l'économie informelle.

De plus, des moyens renforcés et modernisés doivent être déployés au niveau national et européen pour permettre l'exécution effective des décisions de reconduite des personnes qui ne relèvent pas du droit au séjour. Enfin, compte tenu de la relation entre la question de l'immigration et celle de l'intégration, on ne pourra se dispenser de remédier aux défaillances actuelles du pacte républicain vis-à-vis des descendants français des étrangers que nous sommes souvent allés chercher nous-mêmes pour les besoins de notre économie jusqu'au début des années 1970.

L'intégration républicaine : une rencontre

L'intégration, c'est la façon dont des personnes venues d'ailleurs entrent harmonieusement dans une communauté nationale, avec ses valeurs. Elle implique une réciprocité : d'un côté, un désir de s'intégrer en assumant droits et devoirs ; de l'autre, une volonté d'intégrer effectivement les nouveaux venus en leur offrant vraiment ces droits et ces devoirs. Enfin, la réussite ou l'échec du processus de l'intégration se joue sur plusieurs plans : le quartier où l'on vit, le logement auquel on accède, le travail qu'on obtient (ou non) et les valeurs qu'on adopte.

On ne peut s'intégrer qu'à une communauté déjà existante. La France, avec sa longue histoire, se reconnaît dans un récit national puissant et singulier. Elle en célèbre les lumières et doit en reconnaître les ombres. Elle s'assume comme une nation, avec ses caractères culturels et politiques propres. Selon sa Constitution, « la France est une République indivisible, laïque, démocratique et sociale. Elle assure l'égalité devant la loi de tous les citoyens sans distinction d'origine, de race ou de religion. Elle respecte toutes les croyances ». La devise de la République, *Liberté, Égalité, Fraternité*, qui inclut aujourd'hui l'égalité entre hommes et femmes, énonce des principes que tout Français, de longue ou de fraîche date, doit adopter.

Cela ne va pas toujours de soi. Le culte de l'individualisme, le creusement des différenciations sociales, l'affaiblissement des structures collectives (Églises, syndicats, associations ou partis), le poids des difficultés économiques et la montée des intolérances ont, sinon défait, du moins altéré un certain « modèle français ». N'oublions pas non plus que des phénomènes de désintégration sociale touchent aussi des populations urbaines et rurales en déshérence, qui n'ont rien à voir avec l'immigration.

Le système d'intégration des descendants de l'immigration de travail arrivée dans les années 1960 est défaillant. Certes, notre pays offre à ceux qui l'ont rejoint des conditions de vie bien meilleures que celles connues dans leur pays d'origine. Ils trouvent en France un système scolaire solide, un système de santé performant, une législation sociale protectrice et favorable à l'égalité des chances. La France est respectée par une grande majorité de ceux qui, devenus français, trouvent leur place dans la société.

Pourtant il est vrai qu'une partie de la jeunesse française d'origine étrangère rencontre des difficultés particulières pour tirer profit de l'école, trouver un emploi ou un logement et qu'elle se sent victime de discriminations. Quand ils vivent relégués dans des quartiers particuliers, sans vraies perspectives d'emploi, des jeunes s'installent dans une existence marginale, aussi éloignée de la culture de leurs grands-parents que de celle de leur pays d'adoption. Certains peuvent se replier sur des postures traditionalistes et communautaristes, revendiquant leur propre ségrégation. Ce repli les détourne des voies de l'intégration. Surtout si ces jeunes revendiquent une culture sexiste (subordination des femmes, port obligatoire du voile, virginité des filles avant le mariage, exclusion des unions mixtes ou mépris de l'homosexualité) ou même des sentiments antisémites intolérables. Sans parler de la très petite fraction de ceux que tente l'islamisme radical, avec sa violence potentielle.

Or la réussite de l'intégration est un enjeu important pour la cohésion de notre société. Pour mieux l'assurer, soyons d'abord plus attentifs à la vie réelle de nos compatriotes issus des dernières vagues d'immigration. Trop souvent, nos politiques présupposent que l'égalité des droits assure l'égalité des chances. Or elle ne suffit pas. Dans l'éducation, des mesures spécifiques pour les élèves issus de l'immigration doivent, comme l'ont fait avec succès d'autres pays européens, être mises en œuvre en matière d'apprentissage linguistique, de réduction de la segmentation sociale et d'ouverture de l'école vers les parents.

Pour faire reculer le chômage, il faut évidemment créer globalement plus d'emplois en faisant de cet objectif, comme je l'avais voulu à la fin des années 1990, une priorité de la politique économique, mais aussi améliorer l'accès à l'emploi des personnes issues de l'immigration et des quartiers prioritaires, dans la fonction publique, dans le monde associatif (mon gouvernement avait ouvert cette voie avec les emplois-jeunes) et dans les entreprises.

En matière de logement, l'axe principal devrait être de réduire résolument, même si cela prendra du temps, la concentration de populations pauvres et d'origine immigrée dans certains quartiers. La ségrégation interdit l'échange, elle bloque l'intégration et favorise les replis les plus négatifs.

La volonté de partager des valeurs communes doit venir aussi des Français issus de l'immigration eux-mêmes. La France est leur pays. Ce processus est largement amorcé. Ceux qui ont pu poursuivre des études et surmonter les obstacles à l'embauche réussissent. Beaucoup s'affirment par leur talent dans diverses professions, y compris comme intellectuels, chercheurs, écrivains, créateurs, musiciens, acteurs, chefs d'entreprise ou sportifs de haut niveau. D'autres encore, dans l'armée ou dans les forces de sécurité, protègent la République et certains d'entre eux ont fait pour nous le sacrifice de leur vie. On commence aussi à voir apparaître plus nombreux sur la scène publique les visages de députés, de sénateurs, d'élus locaux ou de leaders syndicaux de terrain qui font rimer la démocratie avec la diversité.

Pour que cette évolution se poursuive, il faudra de nouveaux progrès sociaux. Le défi est aussi culturel. La laïcité, telle qu'on la conçoit en France, protège la liberté religieuse. Mais aucune religion ne peut prétendre enfreindre ni modifier les lois de la République. En France, chacun peut vivre sa foi ou n'en professer aucune, tout en respectant celle des autres. De même doivent être observés – par tous, et pas seulement par les nouveaux venus – nos principes fondamentaux : la liberté, l'esprit de tolérance, la dignité de la personne, l'égalité, dont l'égalité hommes-femmes, qui se traduisent dans les mœurs et les lois.

L'immigration est une démarche, l'intégration une rencontre. Tout doit être fait dans notre pays pour que cette rencontre soit féconde.

Car il faudra une communauté nationale soudée pour affronter le nouveau défi lancé à notre civilisation.

3

Expansion de l'homme et sauvegarde de la vie sur Terre

L'humanité a survécu, au XXe siècle, aux plus grands massacres de son histoire et à ses inventions les plus destructrices comme la bombe atomique. Mais le danger qui pèse aujourd'hui sur elle est sans précédent : dans un contexte d'explosion démographique, son avenir est aujourd'hui compromis par un bouleversement climatique qui affecte la Terre sur laquelle elle vit et qui met en péril sa propre existence.

L'explosion démographique

La population mondiale, trois cent mille ans après l'apparition sur la Terre de l'« homme moderne », ne dépassait pas 500 millions d'individus en l'an 1500, après la découverte de l'Amérique. En 1800, elle a atteint 1 milliard, et 2 milliards en 1930. Le rythme de progression s'est envolé à partir de 1960 et le peuplement de la Terre s'est accru de 1 milliard tous les quinze ans. Il est aujourd'hui estimé à 7,6 milliards de personnes. Il devrait atteindre 8,5 milliards en 2030 pour se stabiliser autour de 11 milliards vers 2100, selon les projections de l'ONU.

Cet accroissement phénoménal a commencé au lendemain de la Seconde Guerre mondiale. Le transfert du progrès médical et sanitaire vers les pays du Sud a entraîné rapidement une forte baisse de la mortalité, notamment infantile, cependant que dans ces régions, pour des raisons culturelles, la fécondité demeurait très élevée.

La différence qui s'est installée entre les taux de natalité et les taux de mortalité a provoqué une très forte croissance des populations en Asie, en Amérique du Sud et en Afrique. En Chine, la population est passée à 1,393 milliard en 2018. En Inde, le nombre d'habitants a atteint 1,353 milliard la même année. Quant à l'Afrique, elle a vu sa population globale bondir à 1,340 milliard aujourd'hui.

Le plus préoccupant dans cette croissance exceptionnelle, en particulier au Sud, c'est le creusement des inégalités et l'impossibilité de vivre dignement pour la masse des plus pauvres. Pour espérer qu'intervienne une baisse plus rapide des taux de fécondité, le développement économique, la diffusion de l'instruction chez les femmes et la mise en œuvre de programmes de contrôle des naissances à grande échelle acceptés seront des enjeux cruciaux.

Le poids des inégalités

Le XXe siècle a d'abord connu un reflux des inégalités. À l'Est, dans des conditions d'une extrême brutalité, la révolution russe de 1917 puis, en 1949, la victoire des communistes en

Chine, en abolissant la propriété privée et en redistribuant les terres, ont uniformisé les conditions d'existence. À l'Ouest, après 1945, les gouvernements des pays de libre entreprise, tirant les leçons des convulsions des années 1930 et 1940, ont conduit des politiques de croissance et de redistribution permettant de mieux partager la prospérité retrouvée.

Un retournement s'est opéré, on le sait, il y a une quarantaine d'années. La mondialisation de l'économie, la financiarisation du capitalisme et l'adoption des dogmes économiques libéraux par nombre de gouvernements ont inspiré des politiques de réduction des règles et des contrôles auparavant établis au nom du bien commun pour encadrer l'activité des acteurs économiques les plus puissants (Bourses, institutions financières privées, grandes entreprises). Dans le même temps, la progressivité de l'impôt était remise en cause. L'extension du capitalisme, sous étroit contrôle politique, en Russie et en Chine, a là aussi provoqué un accroissement spectaculaire des inégalités. L'immersion dans le marché mondialisé des anciens pays du tiers-monde, telle l'Inde, a accru chez eux des disparités de revenus déjà fortes.

À l'échelle mondiale, l'inégale distribution des revenus, exprimée en nombres, recouvre de dramatiques réalités humaines. Plus de 1 milliard de personnes survivent avec moins de 1 dollar par jour ; 2,8 milliards vivent avec moins de 2 dollars par jour ; plus de 1 milliard d'êtres humains n'ont pas accès à l'eau potable ; 876 millions d'adultes dont deux tiers de femmes sont analphabètes ; 448 millions d'enfants ont un poids inférieur à la normale. Le nombre de personnes souffrant de la faim dans le monde atteint 821 millions en 2017.

Sans doute l'extrême pauvreté a-t-elle diminué grâce notamment au développement en Chine et en Inde. Elle se concentre à 90 % en Afrique subsaharienne. Mais la pauvreté relative augmente et la moitié de la population mondiale peine à satisfaire ses besoins élémentaires.

Les inégalités à l'intérieur des pays se sont également creusées et les écarts sont ici d'autant plus ressentis qu'ils concernent des personnes appartenant à une même société. Aux États-Unis, par exemple, les inégalités ont littéralement explosé. Le centile supérieur, auquel revenait environ 11 % du revenu national en 1980, en recevait plus de 20 % en 2014. À l'opposé, la moitié des Américains ayant les revenus les plus bas qui se partageaient 20 % du revenu national en 1980 n'en perçoivent plus que 12 % aujourd'hui. Une part significative du revenu du pays a migré vers le haut dans un mouvement de redistribution à rebours.

Les inégalités de revenus et de patrimoine sont moins fortes en France, mais la pauvreté perdure, comme dans les autres pays développés. Si l'on estime le seuil de pauvreté à 60 % du revenu médian, 9 millions de personnes peuvent être considérées comme pauvres dans notre pays. Ce monde traversé de profondes inégalités va devoir affronter le défi climatique.

Le péril écologique

La quasi-totalité des scientifiques et des experts du climat s'accordent aujourd'hui pour estimer que, depuis le début du XXe siècle, les températures océaniques et atmosphériques moyennes ont nettement augmenté. Pour eux, ce phénomène tient à ce que les émissions accumulées de gaz à effet de serre (en particulier le gaz carbonique – CO_2) piègent à la surface de la Terre des quantités croissantes de chaleur. Ces émissions sont des produits de l'activité humaine (rejets de l'industrie, exploitation massive du charbon, du pétrole et du gaz, agriculture productiviste, transports polluants, déforestation, etc.). Mais la notion de température moyenne est trompeuse, car quelques jours à 50 °C peuvent être fatals pour la flore et la faune d'une région. Dès maintenant, on assiste à des phénomènes climatiques extrêmes : tempêtes, sécheresses propices aux incendies ou précipitations abondantes provoquant des inondations. À terme, le réchauffement, s'il s'accroît de 1,5 à 2 °C, entraînera une accélération de la fonte des glaces déjà visible et une montée de l'eau des océans aux conséquences désastreuses pour les immenses populations qui vivent près des côtes et dans les grands deltas (Gange, Mékong, Nil, Mississippi, Meuse-Rhin...).

Parallèlement, la surexploitation de la mer et des sols agricoles, l'usage des pesticides, la déforestation, les formes anarchiques d'habitat, l'urbanisation non maîtrisée sont la cause d'une dégradation accélérée de la biodiversité provoquant une extinction massive d'espèces, dont certaines sont indispensables au cycle de la vie (abeilles, insectes régulateurs, vers de terre, oiseaux). La pollution des océans, leur acidification, leur invasion par des concentrations de microplastiques sont aussi dangereuses pour l'humanité que l'est la rareté croissante de l'eau sur Terre, cause possible de conflits ou de guerres futurs.

Les conséquences du réchauffement climatique et des excès de l'exploitation des ressources naturelles s'alourdissent sans cesse. Le processus de dégradation s'accélère. Les experts du

Groupe intergouvernemental d'étude sur le climat (GIEC) sont formels : il reste dix ans au plus pour entraver le processus de destruction de la vie et éviter les dommages les plus graves, dont certains seront irréversibles.

En outre, devant la crise écologique, les hommes ne sont pas égaux. Tous seront touchés, mais les plus pauvres le sont déjà davantage et le seront plus encore demain. Pour l'alimentation par exemple, cette inégalité est d'ores et déjà criante. Les pathologies liées à la mauvaise qualité des aliments, comme l'obésité et le diabète, sont bien plus répandues dans les populations aux revenus modestes. Si la sécheresse gagne, si l'eau potable se fait rare, si la mer envahit les deltas, les plus pauvres seront mis en péril. C'est pourquoi le problème écologique et la question sociale se rejoignent et, sauf à accepter des tragédies humaines, il faudra bien les traiter ensemble. La question de l'avenir de la Terre est désormais sortie du cercle étroit des experts et même du milieu des organisations de défense de l'environnement. La prise de conscience et la mobilisation croissantes de la jeunesse à l'échelle internationale le montrent. Elles seront décisives face aux nombreuses résistances à l'action.

La tentation de la passivité

Aujourd'hui, après tant de rapports d'experts, de conférences intergouvernementales et de catastrophes écologiques successives (la dernière étant celle des gigantesques feux de forêts en Australie), la réalité du dérèglement climatique dû à l'activité humaine est unanimement admise – ou presque. D'où l'engagement pris par 195 États, dont l'Union européenne, pour réduire leurs émissions de gaz à effet de serre en vue de limiter l'augmentation de la température à 2 °C, ou mieux à 1,5 °C, par rapport à l'ère préindustrielle (COP21, accord de Paris 2015).

Hélas, le déni du désastre prévisible prévaut à la tête de la première puissance mondiale, grosse émettrice de gaz à effet de serre et pourtant éprouvée par les dérèglements climatiques. Reniant les engagements pris au nom des États-Unis par Barack Obama, le président Donald Trump a décidé de retirer son pays de l'accord de Paris et donc d'abandonner les objectifs de réduction des émissions de gaz à effet de serre. Il poursuit une politique énergétique systématiquement favorable aux secteurs du charbon, du pétrole et du gaz fortement émetteurs de CO_2. Le retrait de l'accord de 2015 n'étant effectif qu'en novembre 2020, on doit souhaiter que le réchauffement climatique devienne un enjeu de la prochaine campagne présidentielle américaine. Si un démocrate défaisait Donald Trump et révoquait sa décision, les États-Unis pourraient revenir à une position plus lucide au regard du dérèglement climatique. Beaucoup d'Américains sont conscients de ses effets redoutables. Dix des États fédérés, près de 300 villes et plusieurs milliers d'entreprises (représentant en tout 160 millions d'Américains) sont devenus membres de la coalition « We Are Still In » (sous-entendu dans l'accord de Paris). Il est vrai que le coût des catastrophes climatiques en 2019 a été évalué, avant le chiffrage des incendies en Australie, à 140 milliards de dollars, dont près de 50 milliards pour les seuls États-Unis.

La position actuelle de l'administration américaine est malheureusement partagée par le Brésil de Bolsonaro, qui continue d'agresser le sanctuaire écologique mondial que devrait être la forêt amazonienne. Les pays grands producteurs d'hydrocarbures résistent eux aussi en privilégiant les demandes immédiates, prétendues impérieuses, au détriment des exigences du long terme. Cette focalisation sur le court terme domine encore chez les agents économiques privés, industriels, agriculteurs, distributeurs, sans parler des consommateurs – même si certains se montrent de plus en plus soucieux de l'avenir et de leur propre intérêt à long terme. Il faudra s'appuyer sur eux. Pourtant les oppositions au changement de système restent fortes, justifiées par la recherche de profits rapides, la défense de l'emploi ou les habitudes de consommation. Les compagnies pétrolières ou gazières, l'industrie chimique (qui fournit pesticides et plastiques), les compagnies aériennes, les grandes filières de l'agriculture ou de l'agroalimentaire, les chaînes d'alimentation, les producteurs de boissons sucrées ou les laboratoires pharmaceutiques défendent leurs intérêts auprès des responsables publics et de l'opinion.

Malgré les engagements pris, les gouvernements et les autorités régionales ou locales sont également sensibles aux requêtes du temps court. Les plus lucides et les plus responsables ne cèdent pas au fatalisme que résume l'adage « Après moi le déluge ». Mais la contrainte de la gestion quotidienne, le désir de répondre aux demandes pressantes des électeurs, le coût qu'exige une réorientation radicale des politiques anciennes pèsent sur les arbitrages. La logique démocratique classique semble buter sur l'absence de prise en compte des intérêts vitaux des générations futures. Quant aux arbitrages et accords internationaux censés agir contre le réchauffement climatique, ils restent timides face aux intérêts industriels et commerciaux. Toutefois, devant l'imminence de la catastrophe, la lutte n'est pas perdue d'avance.

Les chances de l'action

Paradoxalement, l'espoir pourrait naître de la gravité même de la menace. Nous savons que si nous ne changeons pas drastiquement et rapidement notre exploitation de la nature, nos sources d'énergie, nos modes de production et jusqu'à nos manières de consommer, le risque de laisser à nos descendants un monde inhabitable deviendra irrémédiable. L'ampleur du défi peut conduire au découragement et au fatalisme. Elle peut aussi provoquer un sursaut salutaire. La détermination des gouvernants et la volonté des peuples seront décisives.

Ils pourront s'appuyer sur les avancées scientifiques et sur les évolutions de la pensée économique. Les sciences et les techniques, qui ont contribué trop souvent à épuiser la nature, peuvent aussi la protéger. Par exemple, on connaît la capacité de certains biotopes – mangroves, marais, bancs de coraux ou d'huîtres – à se régénérer si on les préserve et à reprendre leur rôle de protection contre l'érosion des côtes et les événements météorologiques extrêmes. Le retour à une certaine qualité pour des sols dégradés est possible si l'on substitue des procédés biologiques aux produits chimiques. De même, l'emploi de techniques d'irrigation intelligente ou de procédés nouveaux de recyclage de l'eau donne des résultats spectaculaires. Si elles sont préservées durablement et exploitées raisonnablement, les forêts retrouvent leur vitalité. Autre innovation :

la production d'eau potable à partir d'eaux usées recyclées et purifiées. Elle pourra sauver des régions frappées ou menacées par la sécheresse.

Les techniques de stockage de l'énergie se sont fortement améliorées et, grâce à l'évolution des batteries et au développement des supercapaciteurs, l'intermittence dans l'usage du vent et du soleil pourra disparaître à terme. En ce qui concerne les cellules photovoltaïques, décisives pour utiliser le rayonnement solaire, des procédés inédits (par exemple des cellules fabriquées en matériaux organiques étendus comme des peintures) sont déjà expérimentés. L'électricité photovoltaïque, qui est devenue compétitive, le sera encore davantage dans les toutes prochaines années.

Un autre progrès consistera à capter le CO_2 puis à le stocker. Car si la priorité absolue doit rester à la réduction des émissions, la capture du CO_2 peut s'y ajouter. Le basalte et la péridotite, affleurant hors du manteau de la Terre dans quelques zones (comme en Nouvelle-Calédonie), transforment le CO_2 en calcite et en magnésite solides quand elles sont au contact de l'air. D'autres méthodes peuvent être utilisées pour extraire le CO_2 des flux de gaz émanant de centrales produisant de l'électricité ou même se trouvant dans l'air ambiant, pour ensuite le stocker. Il va de soi que ces recherches et leur application à grande échelle coûteront cher et qu'il faudra lancer ensemble des politiques publiques et de vigoureuses initiatives privées.

Ici entrent en scène les économistes. Pendant une trentaine d'années, la pensée économique dominante a plutôt fait obstacle à la prise de conscience de l'urgence climatique, car elle mettait en avant les coûts de l'action immédiate en ignorant les conséquences économiques de l'inaction. En outre, dominée par la doxa libérale, elle minorait le rôle que pouvaient et devaient jouer les États. Les économistes hétérodoxes restaient minoritaires. Le paysage a changé. La crise de 2008 a montré que le capitalisme financiarisé ne savait pas (ou ne voulait pas) s'autoréguler et que les populations en payaient le prix. Nombre d'économistes, dont des Français, ont critiqué sévèrement le système productif actuel et démontré qu'il creusait les inégalités et détruisait des biens naturels. À la critique sociale s'ajoute une remise en cause du modèle productiviste.

Certains disent même qu'une prise de conscience des risques du modèle actuel gagnerait une partie des milieux économiques et financiers. Aux États-Unis, des fonds de pension, publics ou privés, ceux de villes, de syndicats, de grandes universités ou même des compagnies d'assurances commencent à se détourner des énergies fossiles pour réorienter leur épargne vers les énergies renouvelables, le développement des véhicules électriques ou l'agriculture intelligente. Ils craignent que le coût décroissant des technologies solaire et éolienne et du stockage de l'énergie, les décisions prises par les États et le rejet par les citoyens des énergies polluantes émettrices de CO_2 ne les placent un jour face à une masse colossale d'actifs bloqués dans les infrastructures des énergies non renouvelables frappées d'obsolescence. Ces « actifs bloqués » créeraient un risque financier considérable. On peut toutefois douter que les marchés opèrent spontanément et suffisamment vite ce basculement vers les énergies propres. Pour dégonfler sans drame financier et économique cette « bulle carbone », l'intervention conjointe des autorités publiques et des acteurs privés est indispensable.

L'engagement des populations en faveur de l'action pour la sauvegarde du climat sera un facteur clé. À cet égard, rien n'est écrit. La jeunesse est de plus en plus concernée par ce combat, sachant que le monde que nous façonnons sera le sien. Les nouvelles générations modifient déjà leur comportement tout en alertant leurs gouvernants sur l'imminence des dangers. La gravité du péril et l'obligation d'agir doivent aujourd'hui unir toutes les générations. Aux scientifiques, économistes, groupes de réflexion, associations de citoyens et aux gouvernements de montrer que la conciliation des contraintes du court terme et des exigences du long terme est possible et d'en faire comprendre l'urgente nécessité.

L'attentisme actuel

Lors de l'accord de Paris sur le climat de 2015, des « engagements volontaires » ont été pris par les États signataires afin de maintenir le réchauffement climatique d'ici la fin du siècle en dessous de 2 °C par rapport à la période préindustrielle. Cinq ans plus tard, à quelques exceptions près, la mise en œuvre de ces engagements ne s'est pas réellement enclenchée. Le rapport de scientifiques publié par le Programme des Nations unies pour l'environnement (PNUE), à la veille de la COP25 réunie à Madrid en novembre 2019, a résonné comme un rappel alarmant. Chaque année, ce rapport mesure l'écart entre les engagements pris par les États pour réduire leurs émissions de gaz à effet de serre et les mesures réellement mises en œuvre pour les respecter. Il révèle que ces émissions s'accroissent au lieu de se réduire. Elles ont atteint en 2018 un record historique (55,3 milliards de tonnes d'équivalent de CO_2). La poursuite de cet accroissement conduirait à une hausse de la température du globe de 3,9 °C, ce qui « entraînera des impacts climatiques vastes et destructeurs ». Or, malgré ce message très alarmiste, la conclusion de la COP25 a été très décevante : presque aucun des grands pays émetteurs de CO_2 n'a répondu aux attentes. La politique de l'autruche s'installe pendant que se multiplient les signes d'une aggravation de la situation.

Le retard pris par rapport aux objectifs de l'accord de Paris devrait obliger les États signataires à multiplier au moins par trois leurs efforts nationaux pour rester dans la limite des 2 °C, et par cinq pour respecter celle du 1,5 °C. L'attentisme d'aujourd'hui rendra la tâche future plus écrasante. Selon la directrice exécutive du PNUE, « les pays ne peuvent tout simplement pas attendre la fin de 2020 pour intensifier leur action. Ils doivent agir maintenant, ainsi que chaque ville, région, entreprise et individu ».

L'appel à la mobilisation générale s'adresse ainsi en premier lieu aux pays du G20 qui sont responsables de près de 80 % des émissions de gaz à effet de serre. Mais ni à court terme ni dans leur projection dans le moyen-long terme, les vingt premières puissances mondiales ne se montrent à la hauteur de leurs responsabilités. En 2018, les émissions ont augmenté dans tous les secteurs (énergie, transports, bâtiment, par exemple). La France, qui se félicite d'avoir contribué en son temps au succès de l'accord de Paris, devrait jouer un rôle d'aiguillon et, à tout le moins, respecter ses engagements. Ce n'est pas le cas en ce printemps 2020.

Pour la France, un enjeu de civilisation

La France s'est engagée en 2015 à réduire de 27 % par rapport à 2013 ses émissions de gaz à effet de serre à l'horizon 2028 et de 75 % d'ici 2050. Elle doit en principe, d'ici 2022, fermer ses quatre dernières centrales à charbon, très polluantes – mais le gouvernement laisse planer le doute pour deux d'entre elles. Pourtant, la consommation finale d'énergie s'est accrue en 2017. Seule l'industrie a rempli de justesse ses objectifs. L'agriculture a débordé légèrement son budget carbone, les transports l'ont dépassé fortement et le bâtiment plus lourdement encore. Les émissions de gaz à effet de serre ont augmenté de 6,7 % par rapport aux objectifs.

Faut-il parler pour la France d'un rendez-vous manqué avec la transition écologique ? La succession de trois ministres de l'Écologie en deux ans et demi en est peut-être le signe, politiquement. Déjà, la question environnementale n'avait pas été au cœur de la dernière élection présidentielle. Et les mesures annoncées pendant la campagne ont été rognées après coup, par exemple celles touchant le plan d'investissement. En outre, la renonciation à l'alourdissement de la fiscalité carbone a été un signal négatif dans le champ de l'écologie, même si la mesure était conçue sans compensation pour les utilisateurs de voiture à faibles revenus et sans alternative.

Préserver l'environnement est pourtant un enjeu crucial pour l'avenir, en France comme ailleurs. Si la transition écologique est vue comme un projet de spécialistes imposé à un peuple mal informé, elle échouera. Elle doit se faire non pas en dépit des citoyens mais avec eux, et leur engagement doit être encouragé et accompagné par les pouvoirs publics. La justice sociale, le partage des risques et des opportunités sont les conditions de l'appropriation de la transition écologique par la société.

Des gestes ont été faits. Ainsi, en mai 2018, un Haut Conseil pour le climat a été créé. C'est un organisme indépendant composé de spécialistes, chargé d'éclairer le gouvernement sur la meilleure façon de réduire les émissions de gaz à effet de serre et d'atteindre la neutralité carbone en 2050. Dans son premier rapport, il a jugé décevante la trajectoire suivie jusqu'ici par le pays. Une Convention citoyenne pour le climat, composée de 150 Français tirés au sort et chargée de proposer des mesures contre le dérèglement climatique, a commencé ses travaux. Tout cela doit préparer des actes. Dans les instances internationales, la France s'est voulue active. En 2019, lors de l'Assemblée générale des Nations unies, le président a appelé les dirigeants mondiaux à mettre en cohérence les mots et les actes en matière de lutte contre le réchauffement climatique.

Mais notre pays convaincrait mieux ses scientifiques, sa jeunesse et ses partenaires internationaux s'il montrait le chemin. Ce chemin est connu : la neutralité carbone en 2050 est seule à pouvoir assurer la limitation du réchauffement climatique en dessous de 2 °C. Cela impose de généraliser l'usage de l'électricité dans l'industrie et le transport, de décarboner complètement l'électricité dès 2030, d'aller vers une agriculture écologique productrice de biens environnementaux et plus qualitative (préservant la biodiversité et créant des puits de carbone). Il faudra aussi modifier nos modes d'organisation et de vie : substituer quand c'est possible des services à la propriété des biens pour limiter la production matérielle, aménager le territoire pour stopper l'artificialisation des sols, abandonner des consommations jetables et changer nos habitudes alimentaires.

Je ne me dissimule pas l'ampleur et la difficulté de la tâche qui attend les dirigeants de notre pays. C'est aujourd'hui leur responsabilité. Mais on n'entraînera pas les Français dans cette bataille sans élaborer une doctrine de la transition écologique – une doctrine qui assume les questions difficiles : place de l'État national et des collectivités territoriales, place du marché et des incitations, équité entre les générations et les territoires, justice sociale, modes de gouvernance et démocratisation des décisions. Une doctrine qui concerne la société et prenne en compte les conditions de vie de ceux pour qui l'adaptation sera plus difficile. Faute de quoi les divergences et les tensions qui crispent aujourd'hui la France trouveront un nouveau terrain au lieu de s'apaiser dans la participation à un projet collectif commun.

Des actions devront restaurer la confiance : plan de rénovation des logements des ménages pauvres, aides en faveur de l'agroécologie et de l'agriculture bio, accompagnement des agriculteurs et des citoyens en difficulté face aux prix des carburants, définition d'une fiscalité écologique repensée (avec compensation intégrale des effets de revenu pour les plus modestes), plan d'investissement national et territorial pour aider les secteurs en transition.

En Europe, la France peut concourir à une coalition des volontés autour d'une vision claire de la trajectoire à long terme (vers l'objectif 2050), incluant de nouveaux instruments de politique industrielle, de recherche et d'innovation et une refonte de la politique agricole. La nouvelle présidente de la Commission européenne, Ursula von der Leyen, a affirmé en décembre 2019, en annonçant son Pacte vert européen, sa détermination à voir l'Union atteindre la neutralité carbone. Il faudra s'assurer que les actes et les budgets suivent, et que l'Union européenne mette au centre de sa politique des exigences de justice sociale dans l'accompagnement de la transition écologique.

Le plus tôt possible, et bien sûr à l'occasion de la prochaine élection présidentielle, la France devra se donner les moyens de réaliser cette transition. Il faudrait, pour les politiques à venir, associer tous les acteurs nécessaires à cette entreprise, nationalement et régionalement, par secteur : énergie, transports, industrie, agriculture, travaux publics. C'est autour de cette transition que devrait se faire une mobilisation générale.

De plus, compte tenu des effets catastrophiques du capitalisme mondialisé dominé par sa finance, du productivisme et de la surconsommation, il devient inévitable de changer nos modes de vie pour tenter de conserver la nature et de préserver les hommes. Les changements à opérer et les moyens à mobiliser sont considérables mais ils peuvent s'ordonner autour d'une grande ambition. On dit que les Français sont d'humeur morose. Mais si l'on fait appel à leur courage, à leur exigence de justice et à leur sens du bien commun, ils trouveront dans ce projet de civilisation une raison de s'unir pour préparer l'avenir.

Mars 2020

Postface

« À l'inattendu les dieux livrent passage. »

Euripide

Avec le coronavirus : un tournant ?

Ce livre était sur le point d'être édité avec son titre actuel, *Un temps troublé*, quand la pandémie de coronavirus a surgi et s'est propagée. J'ai décidé de ne rien changer à ce qui avait été écrit dans un tout autre contexte, mais de consacrer une postface à l'événement bouleversant que nous vivons depuis mars 2020. Elle est circonspecte car, pour l'instant, rien ne se dessine clairement. La situation sanitaire change jour après jour et, hors les considérables et cruelles pertes humaines, bien des conséquences de la crise économique et sociale qu'elle provoque sont encore à venir. Nous ne savons pas comment les autorités du pays aborderont le temps qui vient.

Face à la crise

À l'heure où j'écris ces lignes, la maladie infectieuse nommée Covid-19 poursuit dans le monde sa marche meurtrière. La moitié de l'humanité a subi un confinement contraignant. Une bonne partie de la machine économique mondiale a été mise à l'arrêt. Les pertes d'emplois et de revenus sont massives. La grande pauvreté dans le monde repart.

Les recherches sur l'origine du virus se poursuivent et les polémiques sont vaines. Peut-être a-t-il été transmis à l'homme sur un marché de Wuhan, en Chine, par un animal (un pangolin) vendu illégalement, infecté par des chauves-souris. Certains, aux États-Unis ou en Europe, soulignent que, déjà, d'autres virus, tels le VIH en 1981, le SRAS en 2003 ou Ebola en 2013, étaient venus de l'extérieur du monde occidental en l'éprouvant, comme ce fut le cas avec le sida, ou en l'épargnant. Mais l'encéphalopathie spongiforme bovine (dite « maladie de la vache folle ») – que j'ai eu à combattre en son temps – avait fait son apparition en Grande-Bretagne dans les années 1980-1990, au cœur de l'Europe. Était née l'idée absurde et dangereuse de nourrir des herbivores avec des farines animales. L'utilisation de ces farines a été alors interdite en France, puis en Europe, avant d'être de nouveau autorisée en 2011, comme si la leçon n'avait pas porté.

La transmission à l'homme de virus d'origine animale n'est pas liée à des aires géographiques ou à des régimes politiques particuliers. Elle met en cause un mode de production et une relation à la nature qui se sont généralisés. Dans ce sens, l'épidémiologiste chinois George Fu Gao, formé à Oxford et à Harvard, n'avait pas tort de dire, après les mises en cause formulées par le président Trump, que « parler de virus chinois est vraiment une mauvaise idée. Ce virus vient de la planète Terre ». Une planète malmenée par les hommes.

L'explosion démographique, l'urbanisation anarchique, la déforestation massive, la réduction des espaces naturels où des espèces animales vivaient à l'écart ont accru les interactions entre espèces vivantes et rendu possible la transmission virale des animaux aux hommes. Si rien de tout cela ne change, il est probable que de nouveaux virus apparaîtront.

La crise du coronavirus réveille un autre débat, idéologique et politique, sur les mérites comparés des réponses à la pandémie selon les structures de pouvoir ou les aires civilisationnelles. La Chine aurait jugulé très vite l'épidémie sur son sol et l'Asie se serait mieux préservée que l'Europe et les États-Unis.

En réalité, c'est plutôt l'histoire récente des épidémies qui doit être prise en compte. Plusieurs pays d'Asie avaient été frappés par le SRAS et restaient sensibilisés aux risques épidémiques. L'Europe et les États-Unis, épargnés à l'époque, étaient moins vigilants. Quant à la France, elle a été abusée par la mésaventure de l'épidémie de grippe H1N1 de 2009-2010, après laquelle, en l'absence de vaccination massive, des millions de doses de vaccin sont restées inutilisées.

Les spéculations sur l'efficacité comparée des despotismes et des démocraties dans la réponse à la pandémie sont hasardeuses. La Chine, par des moyens très coercitifs, semble s'être montrée efficace une fois l'épidémie reconnue. Mais elle a été gravement défaillante au départ. L'obsession du contrôle social et le rejet de toute pensée déviante, en l'espèce l'alerte donnée par un médecin de Wuhan à propos d'un virus nouveau – dont il est mort depuis –, ont empêché que la maladie soit plus vite identifiée et peut-être contenue. Avec des conséquences encore incalculables pour le monde. Et si les autorités scientifiques chinoises coopèrent avec l'Organisation mondiale de la santé (OMS) et leurs homologues étrangers, l'opacité du système politique et l'absence dans le pays d'échanges libres et contradictoires ne nous permettent pas d'être aujourd'hui assurés de la situation réelle de l'épidémie dans l'empire du Milieu.

Il existe en outre le contre-exemple de pays démocratiques comme la Corée du Sud, en Asie, ou l'Allemagne, en Europe, qui ont su jusqu'à maintenant contenir efficacement l'épidémie, de façon transparente. À l'inverse, plusieurs gouvernements très autoritaires, en Iran ou au Brésil, se signalent par la médiocrité de leur performance. Le déni ou la reconnaissance de la maladie et le degré de réactivité face à elle pèsent davantage dans la lutte contre le virus que la nature des régimes.

Au-delà de la comparaison, utile pour l'avenir, des réactions des différents pays, la Covid-19 se caractérise par son imprévisibilité et la rapidité extrême de sa diffusion. Comme elle s'abat du jour au lendemain sur une population vierge, c'est-à-dire n'ayant jamais été en contact avec l'agent infectieux, celle-ci n'est pas immunisée. Des traitements et des vaccins ne peuvent évidemment pas avoir été mis au point. La maladie s'est répandue de façon fulgurante et silencieuse, tous les pays ont été touchés de proche en proche et chaque système sanitaire, chaque société a dû inventer sa stratégie.

En France, le système de soins a tenu. Dans les années précédentes, l'hôpital avait pourtant vu ses moyens en personnels et ses budgets chichement comptés au nom d'une vision étroite de la rentabilité. Les personnels avaient à ce propos exprimé des protestations vigoureuses. Mais, face à l'épreuve, les médecins, les infirmières, les aides-soignants et l'ensemble des personnels hospitaliers se sont engagés sans compter, en prenant des risques, malgré la fatigue accumulée. Ils ont suscité l'admiration de tous. Les Français ont fait preuve d'esprit de responsabilité, du moins pendant le confinement, et nombre d'entre eux ont multiplié les actions bénévoles et les initiatives innovantes.

L'hôpital, adossé à un large système de sécurité sociale, a accueilli sans distinction et dans l'urgence tous les cas graves. En revanche, on a pu constater l'insuffisance de notre système de protection, c'est-à-dire la défaillance de la prévention individuelle et collective de la diffusion de l'épidémie. Chez nos gouvernants, la prise de conscience de la gravité de la pandémie semble avoir été tardive. Le confinement, opéré avec un décalage préjudiciable et une communication contradictoire, a été maintenu longtemps. Les conséquences économiques en ont été alourdies. Car le manque de tests, de masques, d'appareils respiratoires a été criant et il n'est que lentement et imparfaitement comblé alors que d'autres pays, grâce à des campagnes massives de tests, ont réussi à isoler les personnes infectées et à empêcher la propagation du virus. En France, une reprise de l'épidémie est à craindre.

Dans la société, les inégalités face à la crise du coronavirus sont patentes. Le confinement, aussi inévitable qu'il ait été dans notre pays, n'est évidemment pas vécu de la même façon, surtout quand il dure, selon la taille, le confort des domiciles et le nombre des personnes qui y vivent. Sans parler bien sûr du sort des personnes précaires ou sans abri.

Ces inégalités affectent aussi l'activité économique. Nombre de tâches peuvent désormais être effectuées en télétravail, notamment par les cadres. Mais le confinement a mis en lumière un ensemble de métiers indispensables à la vie du pays et impossibles à exercer à distance. La présence physique ici s'impose. Les agriculteurs, commerçants de l'alimentation, livreurs, postiers, personnels de surveillance et d'accueil en magasin, personnel soignant ou des EHPAD, éboueurs, ouvriers à la chaîne ou sur les chantiers, souvent mal payés, habitant loin des centres-villes et exposés, les policiers, gendarmes et pompiers ont assumé leurs missions. Ils ont fait avancer la « cordée ». Il ne faudra pas les oublier demain ainsi que d'autres personnels des services publics.

La crise sanitaire a entraîné le blocage de l'économie réelle. L'offre est réduite par la paralysie d'une partie importante de l'industrie et des services tandis que la demande est amputée par la chute forcée de la consommation, en France comme dans le reste du monde. En 2020, selon le FMI, la baisse du PIB mondial pourrait être de 5 % et celle de la zone euro de 7,5 %. Le gouvernement français anticipe un recul de 11 % du produit intérieur. Les chiffres réels dépendront de l'efficacité des mesures de déconfinement et, corrélativement, de la vigueur de la reprise de l'économie.

Les effets de cette dépression sont en partie compensés par les finances publiques. Les États européens ont décidé de soutenir la trésorerie des entreprises et le revenu des ménages. En France, le gouvernement a réagi en accordant aux entreprises à l'arrêt un report des échéances fiscales et sociales et la garantie des prêts bancaires pour soutenir leur trésorerie. Il a mis en place pour les salariés un dispositif de chômage partiel, garantissant 84 % du salaire net, et prolongé les droits à indemnisation des chômeurs. Il a accordé des primes au personnel soignant et attribué une allocation aux foyers ayant les revenus les plus faibles. Cet effort indispensable entraînera une dégradation forte des comptes publics. Le déficit public pourrait s'élever à 11 % du PIB alors qu'il était anticipé à 2,2 % en

2020. Et la dette, déjà forte puisqu'elle atteignait 100 % du PIB, devrait dépasser 120 %.

Une partie du tissu des entreprises ne résistera pas au choc. Malgré les aides de l'État, dans des secteurs particulièrement touchés, tels l'hôtellerie, la restauration, l'aéronautique, le tourisme, le bâtiment, l'événementiel, la culture, de multiples petites entreprises pourraient être mises en faillite. Et des défaillances de grandes entreprises ne sont même pas à exclure, pour peu que leur santé économique ait été déjà fragile. L'État est intervenu par exemple pour sauver Air France-KLM ou aider Renault.

À l'opposé, d'autres secteurs, en raison de la crise, sont en surrégime – agroalimentaire, pharmacie, industrie de la santé, services de santé – et courent des risques de pénurie de personnels, de matières premières ou de composants. Sans parler des secteurs du numérique ou des outils de communication à distance qui, très utiles dans cette crise, en ont beaucoup bénéficié, tout en dévoilant la dépendance des États et des médias à l'égard des GAFAM. Économiquement et socialement, la sortie de crise devra être conduite de manière différenciée.

Sortir de la crise

Les mots « crise », « maladie », « rechute », « guérison » s'emploient en médecine comme en économie. Ces deux domaines interféreront dans la sortie de crise recherchée. La priorité sera comme toujours de rétablir la confiance. Confiance dans le système de santé, dans la reprise de l'économie et dans l'action publique.

La singularité de la crise de 2020 par rapport à celle de 2008 ou même à celle de 1929 est bien sûr la prédominance de la dimension sanitaire. En l'absence de vaccin et de traitement, réduire les contacts entre les personnes, drastiquement par le confinement ou de façon plus sophistiquée grâce aux tests, au traçage et à des isolements ciblés, est indispensable pour maîtriser l'épidémie. Relâcher prématurément les contraintes ouvre le risque d'une nouvelle flambée de la maladie, retarder le moment où la population reprend ses activités rend plus profonde la crise économique.

Tiraillés entre ces craintes et ces exigences contradictoires, les gouvernements ont hésité. Aucun n'a retenu l'option froidement rationnelle d'immuniser sa population en l'exposant tout entière au virus, car son prix en vies humaines aurait été terrible. Guidés par l'expérience d'épisodes épidémiques antérieurs ou contraints par les moyens dont ils s'étaient ou non dotés, les États ont fait des choix divers.

En France, faute de disposer de tests, de masques, d'instruments de protection, de respirateurs mais aussi d'un personnel soignant et de lits d'hospitalisation en nombre suffisant, les autorités publiques ont emprunté la voie d'un confinement sévère. De ce fait, une faible proportion de la population a été exposée et peut s'en trouver immunisée (pendant un temps plus ou moins long). Le déconfinement pouvait donc devenir délicat. Grâce aux mesures prises par le gouvernement, à la discipline des Français et à l'évolution du virus, il s'est d'abord opéré dans l'ordre. En conséquence, le second tour des élections municipales a été organisé le 28 juin 2020… 105 jours après le premier tour.

Deux traits marquent ces municipales : l'abstention, qui est considérable ; l'effacement des deux formations qui dominaient la scène politique depuis 2017. L'abstention très élevée, expliquée en partie par la crainte du coronavirus, témoigne aussi de la désaffection de nombreux Français à l'égard de l'action politique. Le parti du président, la République en marche, rate totalement son implantation locale et reste un mouvement sans force autonome dans le territoire. Quant au parti de l'extrême-droite, il ne va guère au-delà de la préservation de ses quelques bastions. La droite traditionnelle retrouve ses assises mais mêle aussi, curieusement, conquêtes et défaites. La gauche (souvent autour des socialistes), dans un contexte de crise qui a favorisé l'émergence des questions sociale et environnementale, garde l'essentiel de ses positions anciennes et gagne des mairies. Pour les mêmes raisons sans doute, les écologistes remportent de grands succès. Cela ne signifie pas que le duel présidentiel auquel se préparent Emmanuel Macron et Marine Le Pen en sera bousculé. Car les scrutins et les enjeux seront différents. Mais une leçon a émergé : l'union des écologistes et des forces de gauche autour d'une plateforme commune et d'une personnalité reconnue par tous pourrait en 2022 invalider ce scénario peu souhaitable.

Pour en revenir à la pandémie, l'Institut national de la santé et de la recherche médicale (Inserm) a rappelé que réussir la sortie du confinement suppose de mettre en place un système de tests massifs et d'isolement des personnes infectées. Sans le dépistage et le traçage des cas pour les isoler rapidement, une deuxième vague de l'épidémie pourrait se produire et submerger le système de santé. Or le nombre de tests réalisés depuis le déconfinement reste très insuffisant, ce qui ne laisse pas d'inquiéter. Tant que nous ne disposerons pas de vaccin, le civisme sera notre sauvegarde. Éviter le renouvellement du drame collectif de la contagion implique que chacun assume sa responsabilité individuelle.

La confiance dans le domaine de la santé ne reviendra vraiment qu'avec la découverte et la mise au point d'un traitement et d'un vaccin. De nombreuses recherches sont à cet égard en cours. Même si elles sont fructueuses, la crainte subsistera qu'un nouveau virus provoque à son tour de terribles conséquences. À long terme, ce risque sera réduit si notre mode de développement et notre rapport à la nature changent. À court terme, dans un pays comme le nôtre où l'opinion est souvent sceptique, l'intérêt des autorités est de toujours dire la vérité aux citoyens. À cet égard, on peut reprocher au pouvoir exécutif d'avoir affirmé trop longtemps que les masques et les tests, finalement reconnus indispensables, n'étaient pas utiles, non pas parce que c'était vrai mais parce que la France en manquait cruellement. Ce jeu avec la vérité laissera des traces.

Sur le terrain économique, on l'a vu, le président de la République et le gouvernement se sont montrés réactifs. Un arsenal de mesures a été mis en place pour atténuer l'impact des cessations d'activité. Je n'y reviens pas. Je centrerai mes réflexions sur le moment d'après, celui où une politique économique doit guider la remise en marche de l'économie.

Dans la crise, comme c'est l'usage, l'État a largement nationalisé les pertes. À la sortie, il conviendrait que, cette fois-ci, il ne laisse pas à l'excès se privatiser les profits. Il ne faudrait pas non plus que, au moindre signe de rebond économique, une politique d'austérité soit adoptée, car elle casserait immanquablement la reprise. Aussi, à l'idée classique de « plan de relance », pourrait-on substituer l'objectif d'un « redémarrage vertueux ».

À cet effet, une évolution de nos instruments statistiques serait utile. La comptabilité nationale française est conçue essentiellement en termes de flux : le produit intérieur brut de l'année, les résultats financiers, la consommation... Notre attention est ainsi centrée sur les mouvements de court terme et même parfois sur l'instant, pour les gestionnaires qui aiment raisonner en « flux tendus ».

La pénurie de masques et de tests nous a rappelé l'importance des stocks et il conviendrait d'intégrer cette réalité à la comptabilité nationale. Cela permettrait de connaître les actifs et les passifs de chacun des agents économiques. Pour les ménages, en regard des patrimoines (avec leurs inégalités) s'inscrirait l'endettement. Pour les entreprises, au lieu de considérer leurs seuls résultats financiers (mesurés surtout par le cours des actions), il faudrait prendre en compte leurs terrains, leurs machines, leurs brevets et leurs licences. On verrait aussi qu'une entreprise donnée peut procurer dans l'année de bons résultats financiers mais être trop endettée. Pour l'État enfin, on réaliserait qu'évaluer sa dette par rapport à son PIB d'une année n'a guère de sens compte tenu de ce que représentent par ailleurs l'ensemble de ses actifs (propriétés, domaines, entreprises publiques...).

Il serait également utile d'appliquer vraiment la loi du 13 avril 2015 qui prévoit la prise en compte, à côté du produit intérieur brut, d'indicateurs de qualité de vie et de développement durable dans l'élaboration et l'évaluation des politiques publiques. Comme l'ont compris un nombre croissant de nos concitoyens, en particulier les jeunes, les performances du pays ne doivent plus être appréciées uniquement en termes de croissance économique.

Dans le domaine monétaire, les banques centrales des principaux pays (la BCE peut-être avec un peu de retard) ont réagi fortement face à la chute des Bourses : elles ont abaissé encore leurs taux, apporté des liquidités nouvelles au système financier en se comportant en « acheteur en dernier ressort ». Mais il faudra sans doute parer à un double risque : d'un côté, celui de s'enliser dans une situation à la japonaise (des taux bas accompagnant une croissance faible), de l'autre, celui d'alimenter une spéculation sur les actions alors que celles-ci sont déjà surévaluées.

Les banques devraient normalement consentir des prêts aux agents économiques puisqu'elles ont reçu la garantie de l'État. D'ailleurs, au cas où cette garantie jouerait, il ne faudrait pas que l'État hésite à entrer dans leur capital. Si les banques se refusent à prêter, l'État devrait les y inciter fermement et par ailleurs utiliser les outils publics, telle la Banque publique d'investissement.

Toutefois, cette période exceptionnelle ne doit pas servir de prétexte pour réduire les exigences prudentielles, renforcées depuis la crise de 2008, qui pèsent sur les banques, par exemple en matière de fonds propres. Elles sont essentielles pour contenir l'instabilité toujours menaçante du système financier mondial.

Les compagnies d'assurances posent un problème particulier. Le risque de pandémie n'étant en général pas couvert par les contrats, celles-ci trouveront de « bons » arguments juridiques pour ne pas indemniser. Mais il serait choquant que, dans une situation où tant de personnes ont subi des dommages et prennent des risques, le puissant secteur des assurances se dérobe à l'effort commun. Certaines compagnies ont heureusement commencé à faire des gestes. Le ministère de l'Économie et des Finances devra ici se montrer inventif et persuasif.

La question de l'endettement sera essentielle. Le bond des dépenses publiques et la baisse des rentrées fiscales vont gonfler la dette publique. Elle ne doit pas nous écraser. Les ménages inquiets pour l'avenir seront tentés, s'ils le peuvent, de pratiquer une épargne de précaution, laquelle aurait un effet récessif. Au gouvernement de les rassurer en affirmant clairement qu'il ne prépare pas de plan d'austérité pour demain.

Comment faire face à la dette ? Des pistes existent : réduire les gaspillages par une revue des politiques publiques, en évitant d'en confier l'orientation à la direction du Budget ; prévoir des augmentations d'impôt réservées aux plus riches et une meilleure collecte fiscale en ce qui concerne les multinationales ; laisser l'inflation, peu menaçante aujourd'hui, remonter au-delà de l'objectif de 2 % d'augmentation annuelle qui guide la BCE ; envisager l'émission auprès des particuliers d'un grand emprunt public, éventuellement perpétuel, avec une rémunération supérieure à celle qu'offrent les marchés financiers ; tabler, dans quelques années, sur un rééchelonnement de la dette, voire sur des annulations.

L'action collective de l'Union européenne est nécessaire. Les États membres ont agi de façon désordonnée au début de la crise, qu'il s'agisse des contrôles aux frontières ou des décisions économiques. La concertation a ensuite repris. La Commission européenne, pour la première fois, a dégagé les vingt-sept États membres de l'Union de leurs contraintes en matière de déficit public en invoquant la « clause de suspension générale ». Des pistes possibles pour une action commune se dessinent : ne pas appliquer le Pacte de stabilité et de croissance dans toute sa rigueur ; revoir dans le Pacte la définition du déficit pour en exclure les dépenses d'investissement, voire certaines dépenses de fonctionnement s'apparentant à de l'investissement, par exemple pour la transition écologique ; appliquer avec souplesse la conditionnalité du Mécanisme européen de stabilité, comme cela a d'ailleurs été décidé, mais pour des montants plus importants ; mutualiser tout ou partie de la dette nouvelle, non pas pour complaire aux pays supposés les moins « rigoureux » mais parce que c'est la meilleure façon de décourager la spéculation des marchés financiers sur les titres souverains nationaux ; enfin, augmenter un peu le budget de l'Union et y créer un fonds d'action conjoncturelle.

L'importante proposition franco-allemande formulée le 18 mai 2020 d'un plan de relance européen financé par un emprunt communautaire de 500 milliards d'euros a été dans ce sens. Elle a été reprise à son compte et élargie à 750 milliards d'euros par la Commission européenne. Il est heureux que l'accord conclu par les vingt-sept États de l'Union le 21 juillet, après des négociations laborieuses et au prix de concessions aux uns et aux autres, n'en ait pas dénaturé l'esprit. Toutefois, il reste à franchir l'étape de l'examen par le Parlement européen et celle de la ratification par les parlements nationaux.

Il ne faut pas renoncer au multilatéralisme. Mal en point avant la crise, il est contesté par les deux premières puissances mondiales, les États-Unis et la Chine. Il est douteux qu'il sorte mécaniquement renforcé par les événements récents : toute crise n'emporte pas nécessairement un renouvellement de la gouvernance mondiale. Seules les guerres mondiales ont jadis entraîné de telles mutations : la naissance de la Société des Nations et de la Banque des règlements internationaux, après la guerre de 14-18 ; la création de l'ONU, des institutions de Bretton Woods et de l'OCDE après la guerre de 39-45. Or nous ne sommes pas en guerre. Le rôle du multilatéralisme relèvera moins de la sortie de crise que de l'après-crise.

Après la crise

La formule « après la crise » peut être trompeuse car, dans la réalité, un glissement s'opère de la crise à la sortie de crise et de celle-ci à l'après-crise. Nous ne passerons pas du jour au lendemain d'un état à un autre. Sur le plan sanitaire, nous pourrons connaître des fluctuations car l'immunisation collective est incertaine et encore lointaine. Et même si le virus s'effaçait, il serait susceptible de réapparaître de façon saisonnière. Nous aurons sans doute à vivre avec lui. Dans le domaine économique aussi, il y aura des gradations.

Le 12 mars 2020, dans sa première adresse solennelle aux Français face à la pandémie, au moment de décider le maintien du premier tour des élections municipales et juste avant le confinement, le président de la République évoquait ainsi l'avenir : « Il nous faudra demain tirer les leçons du moment que nous traversons, interroger le modèle de développement dans lequel s'est engagé notre monde depuis des décennies et qui dévoile ses failles au grand jour, interroger les faiblesses de nos démocraties. » Resserrant son propos, il insistait sur la nécessité de ne plus « déléguer à d'autres notre alimentation, notre protection, notre capacité à soigner, notre cadre de vie ».

Ces réflexions, assurément pertinentes, tranchaient singulièrement avec la profession de foi qui inspirait hier le livre d'Emmanuel Macron, *Révolution* : « Chaque jour notre pays s'affaiblit de ne pas être adapté à la marche du monde », écrivait-il. Ces propos ne s'accordaient pas non plus avec l'action menée au pouvoir par le président et le gouvernement depuis trois ans, action centrée sur l'adaptation à la mondialisation, la dérégulation sociale et la tentative de conversion des services publics à la gestion managériale qui a cours dans le privé. Ces dogmes venaient, il est vrai, d'être brutalement pris à revers par la crise du coronavirus. La suspension immédiate de la réforme des retraites en a été, à ce moment-là, le marqueur.

Le 16 avril 2020, dans un entretien au *Financial Times* consacré à la mondialisation, au multilatéralisme et à l'Europe après la pandémie, le président français allait plus loin en affirmant que nous sortirions différents de la crise. L'humain serait placé au premier plan, l'interdépendance des États mais aussi leur souveraineté s'imposeraient, et l'éducation, la santé et l'environnement seraient mis dorénavant au cœur des politiques.

Ce changement dans le discours relève-t-il d'une adaptation de circonstance à des événements graves et pourrait-il être plus tard oublié ? On pourrait le craindre compte tenu de la politique menée depuis 2017. Faut-il croire au contraire à une transformation profonde et durable de la pensée du chef de l'État propre à changer son action, la face de son quinquennat et l'avenir du pays ? Les actes de demain nous apporteront la réponse. Pour l'instant, le choix comme nouveau Premier ministre d'un haut fonctionnaire, ancien collaborateur du président Sarkozy, la composition du gouvernement et la mainmise accrue du chef de l'État sur celui-ci n'indiquent pas qu'Emmanuel Macron s'apprête à « interroger » un « modèle de développement […] qui dévoile ses failles au grand jour ».

D'ailleurs, dans son entretien du 14 juillet 2020, le président a indiqué clairement que son *cap*, en dépit de la crise, resterait le même.

Or il y a deux façons possibles d'interpréter l'événement stupéfiant que nous vivons aujourd'hui.

Selon la première interprétation, cet événement, aussi grave soit-il, est seulement un accident sanitaire provoquant une crise économique conjoncturelle. La pandémie ayant des effets meurtriers, les gouvernements ont pour devoir de la maîtriser, de la guérir et de la prévenir. Ils sont aussi fondés à faire face, par des moyens exceptionnels, aux lourdes conséquences économiques et sociales de cette crise extraordinaire. Mais le dérèglement intervenu étant extérieur à la sphère économique, le fonctionnement de cette dernière n'est pas en cause et, une fois le traumatisme passé, il faudra revenir au respect des normes et des règles qui régissaient l'économie auparavant.

Cette logique du retour au mode de pensée antérieur a prévalu, on le sait, dans un autre contexte, après la crise de 2008. Les États, endettés massivement pour sauver les banques et relancer l'économie, ont eu recours ensuite à des plans d'austérité aux dures conséquences sociales qui, en Europe, installèrent la stagnation.

On ne peut exclure la reproduction d'un scénario de ce type. Il sera certainement réclamé par les milieux économiques et financiers, et peut-être préconisé dans l'Union européenne par certains États membres. En France, l'opinion devra exercer une pression forte sur les autorités publiques afin que, sans renoncer à l'esprit de responsabilité, elles se montrent cette fois plus audacieuses, inventives et équitables dans leurs choix.

En tout état de cause, sur le plan sanitaire, on doit tirer des enseignements de la crise du coronavirus. La recherche et d'abord la recherche fondamentale, à la source des véritables découvertes, devront être placées au premier rang des priorités, notamment dans le champ des maladies infectieuses. Avec le réchauffement climatique et la multiplication des zones de contact entre les animaux sauvages et les hommes, les occasions de transmission de virus des uns aux autres et les risques épidémiques s'accroissent. Il faudra donc limiter ces contacts. Il sera important également de comprendre la mystérieuse tolérance qu'ont certains animaux (comme les chauves-souris) aux virus qu'ils hébergent et qu'ils transmettent. La recherche devra saisir mieux ces mécanismes puis construire des méthodes de protection, grâce à des traitements et des vaccins. Nous savons désormais que les enjeux de ces recherches sont énormes, même s'ils ont été négligés parce que des virus précédents, tel Ebola confiné en Afrique, n'avaient pas touché la population mondiale.

Le système de veille sanitaire international a besoin parallèlement d'être renforcé et rénové. À rebours de l'absurde décision prise par le président Trump de suspendre la contribution de son pays à l'OMS, en pleine crise sanitaire, il faut aider cette institution à repenser son rôle pour mieux localiser l'émergence d'un virus et définir avec les États un plan de protection mondial.

À l'évidence, la France devra reconquérir sa souveraineté en matière de santé. La production et le conditionnement sur le territoire national des médicaments, des vaccins, des dispositifs médicaux ou de protection, délaissés au nom de l'obsession du moindre coût, peuvent être relocalisés et mutualisés au niveau européen. Cela suppose une politique volontariste et durable mise en œuvre avec les médecins, les chercheurs, les autorités indépendantes spécialisées et les industriels concernés. Les Français seraient informés régulièrement des avancées réalisées et aussi avertis des augmentations de prix que pourrait entraîner cette politique.

Chacun reconnaît que le système de soins français a besoin d'être rénové en valorisant la médecine préventive. Comme on l'a fait pour combattre le tabagisme, il faudra renforcer la lutte contre l'alcoolisme et la « malbouffe », responsable de l'obésité. Cette prévention affrontera forcément de puissants intérêts particuliers. La valorisation des actes médicaux et le développement de la télémédecine pour les généralistes seraient utiles, comme le transfert de certaines compétences vers les pharmaciens et les infirmiers afin que l'action des médecins traitants reste centrée sur leur mission première. De plus, la création de lits d'hôpital en nombre suffisant dans une organisation multimodale permettrait leur reconversion selon les besoins (un lit de chirurgie devenant, si nécessaire, un lit d'infectiologie).

Le service public hospitalier, maltraité depuis quinze ans au nom d'une simple logique comptable (caractérisée par la tarification à l'activité), a fait face aux afflux de patients gravement touchés par la maladie grâce à l'exceptionnel dévouement et au professionnalisme de ses personnels, ainsi qu'au prix de leur épuisement, voire de leur vie. Les primes, utiles à court terme comme geste de reconnaissance, ne sauraient suffire. Des moyens budgétaires importants devront être consacrés à l'accroissement des capacités d'accueil de l'hôpital public, à des recrutements significatifs de personnels, à l'amélioration des conditions de travail et à la revalorisation des rémunérations.

Il faudra aussi rééquilibrer la gouvernance de l'hôpital afin que l'administratif cesse d'avoir la main sur le médical.

En réaction aux demandes des personnels hospitaliers, le gouvernement a engagé des négociations avec leurs représentants lors des rencontres dites « Ségur de la santé ». Les accords signés le 13 juillet 2020 par une partie, majoritaire, des syndicats ne sont pas négligeables en ce qui concerne les salaires et les indemnités (du moins pour les personnels non médicaux). Leurs résultats semblent pourtant loin des attentes des personnels de l'hôpital dans leur ensemble et ne combleront pas le retard pris sur d'autres pays européens.

En outre, des questions cruciales restent à traiter, comme le nombre de postes à créer, celui des lits disponibles et opérationnels, ou encore la promotion des personnels et l'amélioration de leurs conditions de travail, le traitement des urgences, la tarification à l'activité, le mode de gouvernance de l'hôpital public, la définition de ses missions et la prise en compte de ses contraintes. Tant que ces problèmes ne seront pas réglés, l'attractivité de l'hôpital public pour les professionnels risque de rester faible ce qui fragiliserait notre système de santé. Notons que certains de ces chantiers viennent d'être ouverts par le nouveau gouvernement. On attend avec intérêt les résultats des discussions engagées.

Selon la seconde interprétation de l'événement en cours, le dérèglement actuel est le révélateur de la crise structurelle et globale d'un modèle de développement, à la fois productiviste et capitaliste.

Le productivisme, c'est-à-dire la poursuite de la production à tout prix, a dominé les pays capitalistes développés aussi bien que l'Union soviétique et la Chine des grands plans quinquennaux. Il s'est imposé presque partout à partir du XXe siècle. Avec l'explosion démographique, l'épuisement des ressources, l'accumulation des atteintes à la nature et la montée des nuisances pour les hommes, il est devenu redoutable.

Le capitalisme, dont le moteur est la quête d'un profit maximal, est plus ancien encore puisqu'il est né sous sa forme marchande dès le XVIe siècle et a enfanté la révolution industrielle des XVIIIe et XIXe siècles. Au XXe siècle, ce mode de production a été concurrencé par le système collectiviste en Union soviétique et en Chine. Dans les pays démocratiques, il a été adouci par des réformes politiques et sociales souvent inspirées par le socialisme réformiste.

Toutefois, on l'a vu, à la fin du XXe siècle, la disparition du communisme d'État, à l'Est, et la conversion au « néolibéralisme », à l'Ouest, ont laissé le champ libre à l'expansion sans frontière du capitalisme. La recherche exclusive du profit dans un espace globalisé a conduit de plus en plus d'entreprises, indifférentes à l'intérêt national, à délocaliser leurs productions et leurs services. Les rapports de force économiques s'en sont trouvés modifiés au bénéfice de l'Asie et au détriment de l'Europe, voire des États-Unis. Les inégalités de revenus et de patrimoine que les politiques des États ne freinaient plus se sont accentuées. Les forces productives se sont déployées partout aux dépens des espaces naturels, tandis que s'accélérait le réchauffement climatique. La crise sanitaire, cause de la crise économique, est aussi la conséquence d'un mode de développement.

Allons-nous pour autant nécessairement basculer dans ce « monde d'après » que nombre de nos concitoyens appellent légitimement de leurs vœux ? Sans doute pas. Notre économie, plus durement atteinte que celle d'autres pays, aura du mal à se rétablir. Les oppositions à un changement profond seront fortes. Il n'est pas évident que nos gouvernants soient prêts, en dépit de l'ébranlement de leurs certitudes, à changer réellement leur politique. À supposer qu'ils l'envisagent, nous aurons aussi à compter avec certains de nos partenaires européens dont on connaît l'orthodoxie en économie même si la position de l'Allemagne en la matière est, peut-être de façon conjoncturelle, en train d'évoluer. Sans parler des États-Unis, de la Chine et de la Russie, qui semblent s'accommoder du monde tel qu'il est. L'élection présidentielle américaine de novembre 2020 sera, ainsi que l'a rappelé par ailleurs le dernier mouvement de protestation contre les discriminations sociales et raciales, d'une importance considérable pour les États-Unis et pour le monde. L'arrivée à la Maison-Blanche d'un président démocrate mesurant l'impasse, nationale et internationale, dans laquelle s'est enfermé le pays sous Donald Trump et conscient des enjeux nouveaux de la période pourrait contribuer à un déblocage.

Pour être entendue, la France devrait changer elle-même. Quelles sont les lignes d'action possibles ? L'expansion de la Covid-19 a révélé crûment notre dépendance sanitaire (notamment à l'égard de la Chine), qui doit être impérativement réduite. Mais là ne se bornent pas les menaces pour notre souveraineté. Il est sans doute utile pour un pays influent comme le nôtre de posséder un porte-avions – à condition d'y assurer une protection contre les épidémies… Il est plus important pour la France de disposer d'une capacité de dissuasion nucléaire. Mais sur le terrain de l'industrie et des techniques, dans l'alimentation, dans les communications ou dans l'intelligence artificielle, notre souveraineté est également en question.

Puisque nous redécouvrons les phénomènes de rareté en économie, un inventaire s'impose des secteurs dans lesquels la sécurité de la nation pourrait être un jour à nouveau menacée. La reconquête de la maîtrise de ces domaines essentiels doit être programmée, en coopération avec le secteur privé, au niveau national comme à l'échelle européenne. Plutôt que d'opposer de façon vaine la Nation et l'Europe, il serait en effet plus cohérent et efficace de coordonner ces deux espaces autour d'un objectif commun de souveraineté.

La crise récente pousse ainsi à réexaminer le sens de l'Union européenne. Si la BCE a répondu au besoin de garanties des banques et si la Commission et les États ont su prendre finalement des décisions collectives pour soutenir l'économie, encore incomplètes, cela ne s'est pas fait spontanément. Face aux ravages de la pandémie, la solidarité entre Européens a été au début laborieuse et limitée à quelques gestes symboliques. Il est vrai que les États membres auraient été plus enclins à s'entraider – d'autant que la propagation de la pandémie s'est faite de manière décalée dans le temps – s'ils avaient été, chacun, mieux préparés à lui faire face.

Plus généralement, il faut reconsidérer les priorités et le fonctionnement de l'Europe communautaire. Alors qu'elle est omniprésente dès qu'il s'agit du respect tatillon des règles de concurrence, du libre-échange et des normes, elle est totalement absente en matière d'harmonisation fiscale et sociale, et franchement timorée pour ce qui concerne les projets d'infrastructure, la politique industrielle et la transition écologique. L'Europe ne peut pas non plus, face à des puissances homogènes et protectionnistes comme la Chine, les États-Unis ou la Russie, être la seule à rester un territoire « ouvert », et ne pas demander à ses partenaires des contreparties, notamment le respect de normes sociales et environnementales.

L'idée de « tournant »

Deux sentiments contradictoires traversent aujourd'hui l'opinion. Je les éprouve moi-même : d'un côté, la crainte d'un retour du virus et de sombres perspectives économiques pour la France ; de l'autre, l'espoir que la crise soit l'occasion d'un « tournant » pour la France et peut-être pour le monde. L'humanité, pressentant qu'elle court au désastre, chercherait à réorienter son destin.

Si un tournant est nécessaire, il ne se produira pas mécaniquement. Il n'y aura pas de basculement soudain vers un autre modèle de production, de consommation et d'échange. Le monde d'après sera d'abord celui d'hier, mais abîmé par la crise.

Faudrait-il alors repartir sur les bases anciennes, sans rien changer aux principes et aux règles qui nous ont gouvernés ? Certainement pas. Le redémarrage recherché sera fructueux, en dehors des exercices imposés propres à toute reprise économique, s'il inclut des approches et des mesures qui tirent les premières leçons de la crise et amorcent pour notre pays une orientation nouvelle.

Il faudra d'abord résister à deux offensives.

Sur le terrain social, une partie du patronat invoque déjà le retard productif et commercial accumulé pendant le confinement pour demander aux salariés un surcroît d'effort et au législateur des dérogations qui l'autorisent. Bien sûr, une critique idéologique sera reprise contre les 35 heures en oubliant le fait que le volume des heures travaillées en France avait atteint sous mon gouvernement un record. Je ne sais si les salariés sortis du confinement seront disposés à alourdir leur charge de travail, même pour récupérer des revenus perdus. À tout le moins, un tel rattrapage ne pourrait se concevoir qu'avec l'accord des personnels concernés et de leurs syndicats, une rémunération supplémentaire convenable, des conditions de protection sanitaire adéquates, et sans bouleverser le droit du travail.

L'autre offensive visera l'écologie, comme si l'urgence de la reprise économique justifiait de desserrer les contraintes environnementales. L'industrie du plastique a déjà sonné la charge. D'autres secteurs pourraient suivre, tels l'automobile, les transports aériens et terrestres ou l'agriculture. Aller dans ce sens serait incohérent, au moment où la Convention citoyenne pour le climat a présenté ses propositions, et alors que la pandémie mondiale de Covid-19 est liée au dérèglement de nos rapports avec le milieu naturel.

Notre intérêt, y compris à court terme, est au contraire, dans le cadre de l'Union européenne, de lier le nécessaire allégement des règles qui bornent ordinairement le déficit budgétaire et la dette publique à l'effort fait en faveur des investissements à visée écologique. Le redémarrage de la production et des échanges offrirait ainsi l'opportunité d'intégrer à la problématique économique la lutte contre le réchauffement climatique et pour la sauvegarde de la nature. Le *green deal* dont la présidente de la Commission européenne veut faire une priorité pourrait lui servir de cadre.

À moyen-long terme, et pour emprunter au président son langage, si l'on ne veut pas seulement « interroger le modèle de développement […] qui dévoile ses failles au grand jour» mais le réformer, la préoccupation environnementale devra pénétrer toute notre politique. Sinon, cette «interrogation» ne sera qu'un exercice de communication sans lendemain. La Convention citoyenne pour le climat a proposé un cadre conceptuel et des mesures capables d'inspirer des décisions concrètes concernant les économies d'énergie, le ralentissement du trafic aérien ou le contrôle de l'alimentation. Le président de la République s'est dit en accord avec cette approche.

Or, dans son intervention du 14 juillet 2020, les rares minutes accordées par le chef de l'État à la question écologique et au réchauffement climatique ont de quoi inquiéter. Alors que, quelques jours auparavant, le Haut Conseil pour le climat rappelait dans son rapport annuel que, en France, «les actions climatiques ne sont pas à la hauteur des enjeux ni des objectifs», Emmanuel Macron n'a pas exprimé de volonté d'agir ni de véritable intérêt à cet égard.

Bientôt se posera la question de l'ordre chronologique des actions de l'État. Les tenants de la hiérarchie des priorités défendront le principe de leur succession dans le temps: il faudrait d'abord produire et seulement ensuite songer à nous protéger. Une autre approche permettrait pourtant de mieux affronter les défis complexes qui se présentent à nous. Elle consisterait à synchroniser les différents objectifs de l'action publique, quitte à ce que certaines actions soient menées à des rythmes différents selon les périodes.

La révélation de notre vulnérabilité globale devrait aussi conduire les autorités publiques à restaurer notre capacité d'anticipation. Dans ses belles heures, le Plan à la française était conçu, on le sait, comme un «réducteur d'incertitudes». Or les incertitudes sont nombreuses aujourd'hui. Le Commissariat général du Plan a été supprimé en 2006, quand régnait l'illusion « court-termiste ». France Stratégie, en 2013, est venue combler en partie le vide ainsi créé. Sans nécessairement rétablir le Plan dans sa forme ancienne, une institution de nature comparable pourrait se voir confier des missions à nouveau primordiales. Notamment : mieux anticiper l'avenir (pour établir des programmations), identifier les manques ou les dépendances excessives à réduire, mesurer les limites naturelles et humaines à imposer au processus productif (quitte à envisager des décroissances sectorielles), rechercher avec les partenaires de la société civile les priorités collectives et préparer les choix des autorités politiques en éclairant pleinement l'opinion publique.

Il est impérieux, à mon sens, de mettre le capitalisme sous contrôle. Le capitalisme est une manière de produire, d'échanger et de spéculer, ce n'est pas une civilisation. Il prospère sous les dictatures comme au sein des démocraties, dans les pays pauvres comme dans les pays riches. En plusieurs décennies, ce mode de production animé par la recherche du profit maximal s'est de plus en plus affranchi des règles sociales inspirées par le bien commun. Il s'est en partie détourné de l'économie réelle (celle de la production et des échanges) pour réaliser une part croissante de ses gains dans une sphère financière hypertrophiée, gangrenée par la spéculation. Il s'est émancipé des intérêts nationaux et est parvenu, au moyen de délocalisations massives, à exploiter partout le travail au prix le plus bas. Même dans les pays où était historiquement établi un « contrat social », le capitalisme a obtenu que la répartition de la richesse produite favorise les actionnaires en suscitant de nouvelles politiques fiscales. Il a enfin poussé à l'exploitation sans frein des ressources naturelles désormais en voie d'épuisement. Il est temps d'introduire de l'ordre dans ce désordre destructeur.

À cette fin, des instruments existent. La rationalité devrait conduire les hommes d'aujourd'hui à prendre conscience qu'un système économique et social qui menace leur vie (par le réchauffement climatique), qui souille la terre et les mers (par les pollutions et les déchets) et qui répartit les richesses de manière scandaleusement inégale sans satisfaire partout les besoins élémentaires doit impérieusement être transformé.

Les États ou les unions d'États (comme en Europe) restent des cadres d'organisation et potentiellement de régulation. Dans les pays où l'État se disloque ou se désagrège (les exemples sont patents au Proche-Orient ou en Afrique) règne bientôt le chaos ou l'instabilité. Dans les États démocratiques, les citoyens peuvent espérer décider de leur destin collectif. C'est vers les États que partout les agents économiques se tournent quand une crise les submerge. Il ne s'agit pas de plaider pour un retour général au protectionnisme ni de céder à la tentation du nationalisme. L'histoire nous a enseigné leurs dangers. Mais les États, par les intérêts collectifs qu'ils incarnent et défendent – s'ils le font dans le respect des règles internationales –, par la voie des lois et réglementations, sont capables d'établir le lien entre l'individu et la collectivité, entre le court terme et le long terme dont la pandémie et son impact ont rappelé l'importance. Ils sont en mesure, s'ils le décident, d'empêcher la dérégulation mondiale où les entraînent les forces du capitalisme. À condition aussi que les États veuillent réellement agir et qu'ils sachent coopérer entre eux.

Des organisations internationales actives sont indispensables. Les nécessaires relations bilatérales, d'État à État, ne peuvent suffire à ordonner le monde. Les États sont parfois en conflit et leur vision est trop étroite pour que l'addition de leurs relations forme un dessein cohérent. La coopération appelle une approche globale et, si possible, commune.

Aujourd'hui, le multilatéralisme est affaibli. La volonté des États d'agir ensemble en respectant les mêmes règles a reculé au point qu'on assiste au procès du multilatéralisme et de ses institutions. L'impuissance du Conseil de sécurité des Nations unies à remplir vraiment sa mission de maintien de la paix, en Syrie, au Yémen et ailleurs, paralysé qu'il est par les veto russes et chinois, voire américains, en est le symbole. Il est vrai que les deux premières puissances mondiales minent l'une et l'autre le multilatéralisme : à Washington en le boudant, depuis Pékin en l'instrumentalisant. La France, membre permanent du Conseil de sécurité, plaide sans doute en faveur de la logique multilatérale mais n'a pas derrière elle le poids d'une Europe unie.

Pourtant la crise mondiale due à la Covid-19 rappelle l'importance des organisations mondiales, en particulier des institutions spécialisées de l'ONU. C'est évident aujourd'hui pour l'OMS. Face à la pandémie, son action a sans doute été insatisfaisante, en partie parce que la Chine, qui y exerce une forte influence, n'a pas été transparente. Le rôle de cette organisation n'en reste pas moins irremplaçable. Ce n'est pas un hasard si, après l'épidémie de SRAS, les États, en 2005, ont tous donné valeur de traité au Règlement sanitaire international par lequel ils s'engagent à rapporter à l'OMS toute menace sanitaire comportant un risque international. Chacun d'entre eux savait qu'en la matière l'approche multilatérale et la coopération interétatique sont fondamentales. Ainsi, les spécialistes de santé publique français, qui ont pu récemment critiquer l'OMS, n'ont nullement remis en cause son rôle. Ils ont au contraire appelé et à son renforcement et à sa réforme.

D'autres institutions internationales sont incontournables : le FMI et la Banque mondiale pour le soutien monétaire aux États ou le financement du développement ; l'Organisation des Nations unies pour l'alimentation et l'agriculture et le Programme alimentaire mondial face aux risques de disettes ou de famines qu'on voit monter en Asie et en Afrique faute de l'envoi de produits pourtant disponibles ; l'Organisation internationale du travail pour le respect des droits des salariés et leur protection ; l'Unesco pour l'éducation et la défense de la culture. Il s'agira de les réformer, non de mettre en cause leur mission. Elles alertent et mobilisent en effet les États sur des fléaux, comme la faim, la malnutrition, les problèmes sanitaires, l'analphabétisme, l'extrême pauvreté, qui sont autant d'angles morts pour le capitalisme triomphant.

La transformation de l'actuel mode de production aura également besoin de l'intervention des peuples. Là où règnent des régimes autocratiques, la population s'est plusieurs fois dressée contre la misère et l'absence de liberté. Si ces révoltes ont rarement vaincu les forces d'oppression, elles ont montré que les peuples redevenaient dans ces pays des sujets de l'histoire.

Les régimes autoritaires ont senti la menace. Tout en occultant la question sociale et en déniant l'exigence démocratique, ils cherchent à détourner à leur profit les passions populaires, voire les croyances religieuses, vers d'autres objets : le rêve de puissance, la ferveur nationaliste ou la détestation d'un ennemi extérieur, réel ou fantasmé. Sauf à supposer que certains peuples sont voués, par nature ou par culture, à la soumission – hypothèse peu convaincante –, le désir de liberté de l'individu et l'aspiration des peuples à maîtriser leur destin continueront à vivre et à s'exprimer en dépit des répressions.

À cet égard, alors que l'étouffement de Hong Kong, la répression des Ouïghours et le durcissement global du régime politique chinois sont aujourd'hui très inquiétants, la prise en compte dans l'avenir de la question démocratique représenterait non seulement un accomplissement pour le peuple de ce grand pays mais aussi un pas décisif pour le monde. Des problèmes majeurs, tels le niveau des salaires, la diminution des inégalités, la baisse de la pollution, la préservation des ressources naturelles, la lutte contre le réchauffement climatique, la réduction des tensions dans le monde et l'action pour la paix, pourront être abordés, on peut l'espérer, en termes neufs.

La mobilisation des peuples sera nécessaire aussi au sein des pays démocratiques. Non que la souveraineté populaire y soit contestée dans son principe puisque le peuple reste la source de la légitimité du pouvoir. C'est la vocation de la démocratie qui est en cause, c'est-à-dire sa promesse d'agir pour le bien du peuple. L'élection des dirigeants, la faculté de les changer et la protection de l'État de droit ne suffisent pas. L'espoir mis par certains dans un pouvoir fort n'offre aucune garantie. Mais la promesse démocratique appelle une réforme profonde, capable d'instaurer la justice sociale, un système productif préservant la Terre et des institutions garantes de la paix. Donner corps, dans le temps qui vient, à ces grands objectifs constituerait un tournant dans la civilisation humaine.

Ce tournant, la France l'amorcera-t-elle ? Elle n'a pas très bien traversé l'épreuve de la crise sanitaire, dont le bilan est lourd. Si les Français ont su s'adapter à cette situation exceptionnelle et se sont montrés solidaires, le pilotage politique de la lutte contre l'épidémie n'a pas été particulièrement performant. Trop de contradictions, d'approximations et de non-dits ont jalonné l'action du pouvoir. Pour suppléer l'absence d'instruments utilisés efficacement ailleurs, un long confinement a été imposé qui a éprouvé notre économie. L'opinion exprime en outre un manque de confiance dans l'action publique.

L'Allemagne, notre partenaire traditionnel, dont l'économie est la plus puissante sur le continent européen, a géré la crise épidémique mieux que nous. On pourrait craindre qu'elle veuille un jour reprendre le cours de sa politique économique traditionnellement orthodoxe et qu'elle suggère à l'Europe de la suivre dans cette voie. C'est sans doute ce qu'a semblé indiquer la cour constitutionnelle allemande de Karlsruhe en exerçant en mai 2020 une pression sur la Banque centrale européenne et la Cour de justice de l'Union européenne, en contradiction avec les traités.

En France, deux réactions sont possibles.

Notre situation fragile peut rendre nos dirigeants timorés et l'opinion frileuse, auquel cas le retour au statu quo prévaudra. En effet, il ne suffit pas qu'un système soit en crise pour que l'aspiration à le changer s'impose.

À l'opposé, la crise actuelle pourrait pousser les Français à préférer l'audace et la transgression des modèles dominants. Alors, nous nous rappellerons que le critère de l'action doit être l'utilité sociale. Nous réviserons la hiérarchie des métiers, en revalorisant les fonctions jugées humbles mais essentielles, souvent occupées par des femmes. Nous préserverons certaines activités de la loi du marché. Nous partagerons entre les dirigeants ou actionnaires et les salariés le pouvoir de décision au sein des entreprises. Nous veillerons à ce que notre jeunesse ne soit pas une génération sacrifiée. Nous rehausserons l'offre de services collectifs par rapport à celle des biens marchands. Nous aiderons les pays pauvres à faire face aux conséquences de la pandémie et nous agirons pour une transition écologique socialement juste.

Dans ce cas, le plus important ne sera pas de savoir si le tournant souhaitable doit être brusque ou large, mais de dessiner une nouvelle trajectoire. Quelles forces politiques seront capables de répondre à cette attente ? Quels hommes, quelles femmes ? D'où viendront-ils ? Qui aura le courage et la force d'engager le mouvement économique, social et écologique dont notre pays et notre civilisation ont besoin ? Cette histoire-là reste à écrire.

Juillet 2020

Table

PREMIÈRE PARTIE

2017. L'imprévu

DEUXIÈME PARTIE

2020. La désillusion

TROISIÈME PARTIE

2022. L'incertitude

QUATRIÈME PARTIE

Trois confrontations

POSTFACE

Avec le coronavirus : un tournant ?

Du même auteur

L'Invention du possible
Flammarion, 1991

Le Temps de répondre
entretiens avec Alain Duhamel
Stock, 2002

Le monde comme je le vois
Gallimard, 2005

L'Impasse
Flammarion, 2007

Lionel raconte Jospin
entretiens avec Pierre Favier et Patrick Rotman
Seuil, 2010

Le Mal napoléonien
Seuil, 2014 ; « Points », n° 4038, 2015

RÉALISATION : PAO ÉDITIONS DU SEUIL
ACHEVÉ D'IMPRIMER SUR ROTO-PAGE
PAR L'IMPRIMERIE FLOCH, À MAYENNE
DÉPÔT LÉGAL : SEPTEMBRE 2020. N° 145132 (96594)
IMPRIMÉ EN FRANCE